MW00907176

Casuratan Ti Biagco

Sinurat ni Don Sabas Gaerlan

Foreword and English Translation by
Jane G. Guerrero

authorHOUSE®

AuthorHouse™
1663 Liberty Drive
Bloomington, IN 47403
www.authorhouse.com
Phone: 1-800-839-8640

© 2009 Foreword and English Translation by Jane G. Guerrero. All rights reserved.

No part of this book may be reproduced, stored in a retrieval system, or transmitted by any means without the written permission of the author.

First published by AuthorHouse 6/252009

ISBN: 978-1-4389-7920-5 (sc)
ISBN: 978-1-4389-7921-2 (hc)

Printed in the United States of America
Bloomington, Indiana

This book is printed on acid-free paper.

Daytoy a libro inpataaid contac daydi dios to alluadna a tatangco a inu daytoy ti naganna ag nagam ti Sabas Gaerlan

Margarita Antonia Guerrero Gaerlan
Juan Leon Guerrero
Primo Guerrero

To the present and future generations
of Sabas Gaerlan ancestry

Foreword

In 1988, my mother, Rosita Guerrero who passed away in June, 2007 told me about the existence of a manuscript written by Don Sabas Gaerlan. The book was handed by my grandmother, Antonia Guerrero Gaerlan to my father, Vicente Guerrero. Antonia Guerrero was one of the daughters of Don Sabas Gaerlan. For lack of direction, my father gave it to his sister, Blandina Bayquen. I then contacted my aunt, Blandina or who we fondly call auntie Blanding (she passed away in November, 2007) for a copy and I received the copy in the mail. I started reading the manuscript but it was a struggle to read over even just a page. The handwriting was elaborately calligraphic and in addition it was written in old Ilocano. I was not familiar with some of the Ilocano words and even if I speak Ilocano, I have no knowledge and never have used those words. I guess over time we as Ilocanos have dropped many of the words in favor of synthesizing new words to fit the current times. In any case I took pains of piecing it together. In the period of twenty years, it was a touch and go. Finally I was able to piece it together in its final form and this book is the result of that effort. With the help of my good father I translated it into English for the benefits of my nieces and nephews who can't speak and read in Ilocano and of course for the readers in general. The English translation therefore follows the Ilocano text.

The book is full of insights over the period, 1860's to 1910's when he started writing and when he stopped. It is also full of inspiration. If we in the 21st century cannot conjure a harder time than what we are experiencing now, it is hard to imagine how people lived and survived 100 years, or 150 years ago. Don Sabas Gaerlan laid it down in the purest and simplest terms, and how he managed to stay above destitution to nurture his family. He spoke very highly of his wife, Rosalia who he called his partner wherever he went. Together they traversed the mountainous regions of the Cordillera Mountains in search of livelihood and finally settling down in Cayan, Moutain Province. Eventually the whole family moved to Cervantes after the Philippine Revolution of 1898. Historical events served as a backdrop of his story telling. One of the more important reasons that I wanted to have the book published was the significance of the historical events that was mentioned in the book. It validates some of the events in Philippine history and additionally it related events that were lost in the recordings of history. I see this book as adding more to what we already know about Philippine history.

Not to be lost in the melee of reasons why I took efforts to decipher the original text was that I wanted my family, my brothers and sisters, my cousins, multitude of nieces and nephews, generations of descendants of Don Sabas Gaerlan, the Ilocanos, the older generations specially, and those who are interested in the Filipino history to have the pleasure of reading the book as I had the pleasure of unfolding the story word by word, page by page and finally the whole book. Many times I was caught with emotions and I had to have a box of Kleenex handy. I struggled with decisions regarding changing the text, rephrasing, deleting, publishing just the English translation, etc. I consulted with friends and fortunately I adapted some of their suggestions. I left the text unabridged and I expect the Ilocano literary to hound me for this. To supplant for this, I decided to read the book and record it on CD. An Audio therefore will accompany the book. So why didn't I just publish it in English? It wouldn't have done justice to the story in the book. It has to be read in its entirety in its original form. The Ilocano cadence of talking and the nuances of the Ilocano people especially during the time frame period of the story show through their language. The poems he wrote were not translated in English either so were his reflections at the end of his stories.

The CD audio is available upon request by contacting the author at malkinjg@msn.com.

CASURATAN TI BIAGCO

Sinurat ni Don Sabas Gaerlan

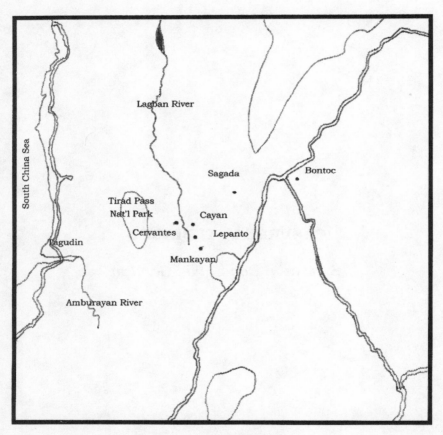

Map - Cervantes, Cayan, Mankayan, Bontoc

OMONA NGA PASET

Pangruguian ti Sarsarita
Ti Nacapututan Oenno Poon a Nagtandan
ti Familia Toy Nagsurat

Aoan nacaammoac quen casta met a aoan ti tiempoc a nangtantan, (casacbayan daytoy panagsuratco) no ania ti nagnagan daguiti inaona nga appo a lal-lacay, isuna laeng a ammoc a idiay ili a San Juan provincial ti Union ti poon a cagagapuda. Ta idiay a ili saoenda nga ad-adu ngem cagudua ti umili ti caadu daytoy a poon Gaerlan. Ammoc met a idiay ili a Bangar adda met daytoy sinao a poon quet agapellido da iti Gavino. Idiay ngarud a ili Bangar ti nacayanacan ti apoc a lacay a napanaganan iti Alvaro Gavino, isuda iti cabsatna nga Rosendo Gavino. Quet idiay met ili a Santa Maria, Ilocos Sur adda met daytoy masao a poon (ananayna) quet cunada a nagapuda met idiay San Juan oenno Bangar, quet Gavino ti apellidoda inganat ita. Sabali pay ti nagan daytoy a poon Gavino – Gaerlan a naipan sadi Ilocos Norte ili nga Piddig a idiay San Nicolas ngem babai quitdi cano.

Daytoy poon a apellido, Gavino nagbalin a tal-lo caquita nga apellido, ta cas saritaen dedi apoc a lacay Alvaro adda cano nagbilinan ti nangato a turay ditoy Filipinas nga daguiti can apellido nga canagnagan cadaguiti tao maiccatda quet masuctan da iti sabali. Gaput daytoy, daguiti taga San Juan quen Tagudin nagtutulagda nga Gaerlan ti apellido nga gamitenda agraman daguiti dua nga Sacardotes agnaganda ti Mariano; (sabali laeng daytoy agdama nga padi ita ta maicatlon, quet Padre Mariano Gaerlan ti naganda a tal-lo).

1

Idiay Bangar saanda nga simmurut iti apellido a Gaerlan ngem Gavino quitdi ti guinamitda, quet idiay Santa Maria, Ilocos Sur intultuloyda dediay sigud a apellido Gavino.

Napasar a calcalpas ti taoen a 1800 idi tumaud sadi Bangar dedi apoc a lacay Alvaro Gavino (saan pay nagbalbaliw idi daguiti apellido) quen maysa ti cabsatna nga adienna, agnagan ti Rosendo Gavino apo nga lacay met dedi Rosalia nga asaoac (Dios ti mangloria quenquana), agpada daguitoy agcabsat a naquipag-ili quen nangasaoa idaiy Tagudin.

Ni Alvaro Gavino inasaoana ni Emerenciana Labanocte quet pinutut daytoy a matrimonio daguitoy; Raimando, Doroteo, Juan Nepomuceno, Anacleta, Juan de Dios, Ambrocio, Catalina, Micaela, Victor (diac ammo no adda pay quet sabali idi nga diac nacamcamacam). Quet iti maicadua nga nupcia nga isu dedi Justa Lucero naiputut met da Isabel, Ginnino, Pio, quen Rufina (casta met a diac ammo no adda pay natnatay a diac natandaanan).

Ni Juan Nepomoceno Gaerlan (nasuctan idin diay Gavino) inasaoana ni Antonia Manzano nga anac ni Cipriano Manzano quen Valentina Valdez, quet pinutut dedi matrimonio daguitoy sumanidad: Julian, Sabas, Felipe, Hilaria quen Bibiana. Quet iti maicadua nga nupcia a isu ni Dominga Valdez, naputut met daguitoy: Barnardina, Canuta quen Nemecia.

Ni Sabas Gaerlan-Manzano nayanac sadi Tagudin idi 5 de Deciembre de 1854. Inasaoana idi 26 de Julio de 1880 ni capiduana, Rosalia Lorenzana Gaerlan nga anac ni Ignacio Lorenzana quen Martina Gaerlan (ni Ignacio, anac a natural ni Tomas Lorenzana quen Lagutingting, quet ni Martina anac a legitima ni Rosendo Gaerlan); quet ni Rosalia nayanac idi 4 de Setiembre de 1865 idiay San Miguel de Camiling, Tarlac; quet pinutut daytoy a matrimonio daguitoy sumanidad:

Romana, nayanac Cervantes idi 9 Agosto 1883
Juan Gualverto, Tagudin 7 Julio 1884
Maira Socorro, Cervantes 25 Setiembre 1886
Margarita Antonia, Cayan 22 Febrero 1889
Crispin, Cayan 25 Octubre 1890
Maria Remedios, Cayan 2 Junio 1892, natay di 12 Mayo
1936
Maria Amparo, Cayan 22 Marzo 1894
Constancio, Cayan 23 Septiembre 1897, natay di 24
Septimebre 1934
Carlos Borromeo, Cervantes 4 Nov. 1899
Mariano, Cervantes 8 Septimebre 1901
Victor, Cervantes 16 Agosto 1903
Ysayas Fermin, Cervantes 7 Julio 1905

Natnatay idi cababasitda:

Maria Carmen, cacaen ni Romana
Mariano, cacaen ni Constancio
Santiago, adien ni Fermin
Roselino, casta met (isu ti ultimo).

NOTA

Calpasan sangapulo a taoen a pannacasurat daytoy a
cuaderno, maipasaruno daguiti sumaruno a nota (Mayo 1, 1924
ita).

Idi Octobre de 1910, nalac-amac ti maicadua a pannaqui-
asaoc dedi Dios ti aluadna nga Regina Dumlateza idiay Tagudin.
Isu a nabaloan dedi casinsinco Julio Gaerlan (D.E.P.) quet nabaloac
manen quecuanna, idi 13 Septiembre de 1918.

Quet idi 5 de Dec. 1919, isut maicatlo a panangasaoac,
quet ni Julia Bondad a padac met laeng a balo ditoy Cervantes,
isut quinagasatco. Panangasaoac a naaramid iti mismo nga

3

aldao a panangaoatco iti saad a quina Presidente Municipal ditoy ili a Cervantes (5 de Dec. 1919, bigbigat idi naaramid daytoy quet malmalem met idi naaramid dediay). Daytoy a matrimonio pinataudna daguitoy nga annac:

Maria Carmen, nayanac ditoy Cervantes, idi 3 de Octubre 1920
Esdras, idi 24 Enero 1923, ditoy met Cervantes
Emerenciana, idi 13 de Enero 1926, ditoy met Cervantes.

MAICADUA NGA PASET

Ti Caubingac

Agtaoenac iti nasoroc nga pito idi impaay ni Apo Dios a napasangpetco ti panagtandaan oenno panagnaquemco. 1862 did ti taoen. Amangan a nagsayaat a casasaad dedi ta sitataeng pay laeng ti quina-inocente oenno quina-muneng, adayo pay laeng idi ti quina-daques oenna malicia. Masmasdaao a mangmalmalanga cadaguiti maquitquitana. No itangadna ti rupana sadi ngato, maquitana dediay manglioenglioeng a nagtangatangan, agpatenga ti caadayona daytoy idiay maquitana nga color azul, casta ti panangipaspasarna; quet ni init, quen ni bulan quen daguiti bitbituen, impaspasarna met a sicacapetda a casla naibutac oenno naignaban idiay langit; quet impaspasarna met a iti nacabuclan ti universo oenno lubong a cuna, cas itay itlog. Dediay cuna uguis ti itlog isu ti caasping iti casasaad ni langit; dediay purao na oenno clarana isu cuna ti nagtangatangan, quet dediay nalabagana isu cuna ti caasping ni daga.

Casta met a masmasdaao cadaguiti maquitquitana ditoy baba, banbantay, caycayo, quen daduma pay, nangnangrona diay baybay a aoan pagpatpatengaana ti panagquita quen no apaya nga aggaraogarao quen casta met daguiti carcarayan no apaya nga di agsarday ti adu nga cantidad ti danum a agbaba quet inda amin tumipon idiay baybay. Casta met daguiti maquitquitana nga dadacquel a edificios oenna balbalay, nangrona ti simbaan. Masmasdaao cadaguiti mangmangegna nga sarsarita; quet iti uneg ti balayda, imdanganna nga sipaspasnec daguiti nagmataanna nga cababalin quen panagcuna daguiti nagannac quenquana; daguiti

5

panursuroda quen panagpatuladda cadaguiti maipapan quen Apo Dios quen maipapan met ti bagui, oenno maipapan iti cararua quen maipapan ti bagui. Daguiti annong a nacristianoan iti agsapa quen iti met rabii quet casta met nga inaldao-aldao. Daguitoy annong isuda met laeng ti panaglualo iti Insagio quen Rosario, quen panangisuro quen panagleccion cadaguiti ubbing iti Doctrina Cristiana; (ad-adda panacaaramid daytoy Doctrina Cristiana no iti sarsardam) panagconfesar, panagcumulgar cadaguiti aldao nga rebbengna, casta met ti panagayonar. Ti maipapan ti bagui isut ti nasayaat a panagcucua iti pada a tao maipoon iti Dios, cas pagayatan ti Dios; quet san-sanen daguiti naganac a mangisursuro daguitoy a sao: "dica ipaay iti padam a tao ti dica pagayatan a ipaayda quenca; quet ti pagayatan a ipaayda quenca isu met ti ipaaymo iti padam a tao." Casta met a insursuroda ti pannaquimisa cadaguiti Domingo quen fiesta, quen no mabalin uray no patinayon cuma nga aldao. Ta daytoy a aramid rebbeng unay a tungpalen daguiti Cristianos; panaqui-misa iti Domingo ta pagyaman quen ni Apo Dios iti panagipaayna nga nacalasattayo manen a sicacaradcad idiay callabes a laoasna, quet impalubosna ti panagtrabajotayo iti paggapuan ti taraontayo. Quen maysa pay, rebengna nga tuladentayo quen laglaguipentayo dedi inaramid ni Apo Dios idi pinarsuana toy lubong; nga calpasan ti innem a aldao a panamarsuana cadaguiti isu amin a adda, nagsardeng iti maicapito nga aldao, a cas la aginana, nupay no ni Apo Dios aoan quencuana ti pannacabannog. Ti pannaqui-misa iti Domingo isu maysa nga ananay ti panagsantificar itoy a aldao, cadatayo a Cristianos. Ti pannaqui-misa isut maysa a culto a ipaaytayo quen Apo Dios. No ngarud iti uneg ti simbaan no maquitana ti nacarangranya a buyana; daguiti nacararaem a ceremonias oenna cultos a maaramid; daguiti di mabilang a tao a maqui-cancansion quen ti quina-ulimecda nga padapada, panagraemda a side-devosion; no mangegna daguiti cantos quen musica nga manacunaynay idiay culto oenno misa nga maaramid; ti rangya ti buya, ti buya daytoy sacerdote a mangcelebrar iti misa quen dadduma payen a mabuya idiay nacaguimongan daguiti adu nga tao; cas mangmalmalanga a pasaray tumaltalanquiao a dina maturayan. Amin daguitoy a maquitquitana macaitedda quencuana iti daquel unay a impression, oenno cas la itay mabalud daguiti ricnana ta isu ubing a impresionado unay; ngem cadaguitoy adda pay naipangrona a cas la pacabaludan ti ricnana nga isu da musica quen canta ta isu apasionado unay cadacuada. Quet no sumangpet iti balayda dina ingaan ti agsalsaludsud quen inana quet conconana; "Nanang apaya daytoy apo Padi ta itay agmismisa quet adda immuliana quet adu ti sinasaona; quet itay nalpas a nagsasao tinuloyna met laeng ti nagmisa. Nasayaat la unay nanang ti tinoctocarda quen cancantada idiay simbaan; quet nagpalalo nga nagado ti tao nga maquimisa?" "Ay baroc, saanmo aya pay la nga ammo? Dayta inmulian ni apo Padi a cunam, isu ti pulpito; quet dayta sinaona, isu ti cuna nga sermon. Ti musica quen cancanta isu ti pacuyog ti misa no maaramid aglalo no castoy a aldao ti Domingo. Adu ti tao nga naquimisa ta Domingo ngarud, quet mapanda agyaman quen Apo Dios iti salunat a nilac-amda iti bayat tay cal-labes a laoasna, quet rebbengna nga agsantificada daguiti Cristianos." Daguitoy ti sinarsaritana quen ni inana, calpasan ti managmisana idi sangsanpetna la unay.

Casta met iti uneg ti escuelaan, naannugut la unay cadaguiti maibilbilin quencuana. Dacquel unay ti ay-ayatna no quitquitaenna ti caadu daguiti padana nga ubbing. Natalna unay idiay quet mabuteng nga agpilpillio ta sitataeng iti panunutna daguiti pamagbaga ni inana quen panangcarcarina a conconana, "no maquiringgorca oenno maqui-angaoca; addaan ca man calintegan oenno aoananca, dusaencanto laeng." Idi masangpetna ti naquem, siguden a nagues-escuela quet idiay balayda met laeng ti nagues-escuelaanna ta maestro particular met ti amana. Quet adda agduapulo a ad-adalanna, lallaqui quen babai. Cadaoyan idi nga maquimisa iti patinayon a aldao daguiti ubbing. Calpasan ti misa agcadua catipon daguiti ubbing; sangcatipon daguiti lallaqui quet sangcatipon met daguiti babbai; agdua-caintanda nga aggapo iti ruar ti simbaan nga agturong iti escuela quet sicacantada daytoy sumaridat: (maysa ti mangipasurot quet sumurot amin daguiti caduana) "Todo fiel Cristianos, esta muy obligado a tener devosion,"

7

etc....etc. Quet iti pangolo a maysa cadacuada siigguem iti cruz a mapasar a maysa nga metro ti catayagna. Aoan lat dumana itay siñales a cruz, casta ti manacaiguemna quet sumangpetda calpasan ti panaglualoda iti, "Bendito y alabado sea," etc.etc. Tunggal maysa umulog a agtorong iti paguescuelaanna ta adda sumagmamano nga escuela particular iti uneg ti ili idi, quet ton las dies, inda tumipon amin manen idiay escuela nga dacquel. Idiay maaramid ti pasalista quet cas iti inaramid idi aggapudat simbaan quet agtorongda idiay escuela nga daquel; castanto met laeng manipud idiay escuela inganat idiay simbaan quet calpasan tay lualoda mapanda amin bumatog idiay baba ti convento quet idiay ipuccaoda daytoy, "Buenos dias" sadan to agaoid iti balbalayda (saan a naisao itay a daguiti agescuela idiay escuela a dacquel idiay met laeng ti pagescuelaanda). Ton agpatit ti alas dos simrecda manen quet ton las cinco sadanto macaaoiden calpasan daytoy lualolada quen daytoy maipucao idiay baba ti covento, "Buenos tardes." Quet idi tuman-ay a tuman-ay iti taoen, daytoy agsarsarita, pinagadalna met laeng ni amana iti escuela a dacquel oenno escuela publica. Daytoy metten ti nacaipoonanna a nacaadadayo bassiten iti balayda quet maicuycuyog metten cadaguiti padana nga ubbing.

8

MAICATLO NGA PASET

Nilac-amna Maipoon iti Salungasingna Cadaguiti Pammagbaga Daguiti Naganac Quencuana

Ti bayat ti quina-ubingna, caanoman di la impalubos da amana quen inana ti panagayayamna nangrona ti yaadayona ti balayda quen pannacaicuyogna cadaguiti padana nga ubbing. Ngem naaramid ti naminsan a aldao, nagbaetan ti las dose quen las dos, nasapa nga immay daguiti sumagcatlo nga ubbing cadaguiti agescuela. Quet gaput ta saan pay met la nga oras ti panagadal, "intayon idiay carayan", quinona daguitoy. Quet isu daytoy agsarsarita, gaput ta naquitana nga nacaridep ni amana, simmurot. Quet idi macadanonda idiay carayan, initcatda daguiti luputda tapno agdidigosda. Timmapog ngarud daguiti tal-lo idiay carayan quet aglanglangoyda; quet isut gaput ta saanna met a cabaelan ti aglangoy, idiay iguid nga ababao ti nagbatianna nga agpatpataud. Maayatan idi nga agquitquita cadaguiti cacaduana nga aglalangoy quet istayan la no tumapog met idiay adalem ta matantan ngarud cadaguidiay cacaduana. Ngem agan-ano cadi quet dina ngarud cabaelan? Cas la maisursurot ti baguina idi cadaguidi aglanglangoy; quet nupay dina cabaelan nasulisog laeng oenno natemtar. Impadasna ngarud ti aglagtolagto nga agtocontocod ngem saana met quitdi nga gapuen ti tumapug a nalaing ta agpeggad cas pagammona. Nupay casta dedi panaglagtolagtona a casla pudno nga aglangoy, daques ta nailao-an iti lugar a nacalapunusanna... quet ay! Ta limneden... ngem dedi posisionna nga sigud a sitatacder, saanna nga binalbalioan; quet iti innaramidna, lagto nga lagto a iguiddanna nga incayao-at daguiti im-imana. Nabayag bassit iti casdiay a echura oenno casasaad; adu ti nainomna quen nasinglot

9

na a danum, quet ti espirituna saan a naga-oan quencuana quet conconana, "oh Apoc a Dios, dica ipalubus a mapucaoac iti daytoy, isalacannac Apo, Jesus, Maria y Jose tulungannac! Pagduaduanna idin ti casasaadna no agbiag pay oenno matay laengen; quet dedi panaglagtolagtona quen panagcuycuya-atna, dina sinardengan. Pagam-ammuan nacasubli iti lugar a matucadnan. Ydi nacasang-at, intugaona a medio in-yeddana idiay igid ti carayan, quet adu ti imbacuarna nga danum; quet daguidi cacadduana dida nabalin ti immarayat ta adayoda met ta ti aramidda inda tumapug idiay nasurong quet sada pababaen a silalangoy dedi carayan. Dedi nga naaramid quencuana, saanna a quinayat a pulos a imbaga cada amana quen inana ta pagammona unay a dusaenda no maammoanda. Naisaritana quitdi bassit cadaguiti quinaduana.

Maicadua - Ydi nga tiempo, tunggal sanga-escuelaan mapanda amin iti balay ti maestroda no malpas ti panagrabii o calpas ti las siete, ta mapanda aglualo iti Santo Rosario. Quet calpasan ti lualoda, agforma a cas la military; batallon ti pangnaganda no daguiti aduan ti bilang (dagupda), quet compania no dua-pulo sumoroc oenno cumurang ti dagupda. Aga-arsisio (ejercicio) nga agmarcha-marcha cadaguiti calcalsada; adda managanan capitan, oficiales quen clases, quet quinacastila ti sao a pagmandarda. Agsalsalupangda iti calcalsada quet nacaragragsac a quitquitaen ti panagarsisioda ta capilitan a ammoenda nga pudno ti aramidda iti arsisio. Cascasda la pudno nga military; adda amin sarucudda quet isu ti pannaca fusilda. Napalaus ti mandarda nga pasarayda maipuccao aglal-lalo daytoy agmandar ta agpuccao a inganant iti pampaanuna, ta no dina ipuccao a naimbag, dinto a mangeg daguiti mandarenna ta sadagan iti capigsa ti gumanangang-gang a padacdacda casla sangcacompas ti capigsa ti voz de mando daytoy masasao. Ad-adda pay pannacaaramidanna no agdama ti saquit a bayangobang (colera) oenno sabali pay a quita a epidemia oenno sacsaquit a daytoy agadu quet pagcayatan unay daguiti umili ti casdiay a araramiden daguiti ubbing cadaguti calcalsada tapno rumagsac ti ili; quet adda pay sabali nga pangnaganan daguiti lal-lacay cada babbaquet ta pangbugao cano cadaguiti managsaquit

10

o daguitay aguioaroaras iti saquit ta adu idi ti mamati iti daytoy; quet dagidiay batallon cada compania, adda panague-encuentrada quen panagcacabilda. Agbibinnilleta da met, esto es, maysa nga batallon oenno compania, caspangarigan, ti turayenna, agsurat iti turayen dediay sabali a batallon o compania, quet yaoisna ti panaggugubatda. Oenno met daytoy nabilletian maaramid a pudno ti panagcabilda idiay lugar de combate a nagtutulaganda. Uray siasinot maguinbatbatog, aoan ti agongonget cadacuada; quet daytoy a panagcacabilda saan a ipapan a paypaysoenda oenno ipennecda ti cumabil ta daguiti armasda nga sarucud ti pangrurupaguenda ngem pasaray no laeng adda mangigao-at a medio mangipaypayso ngem quetdi masucalan ti agcasta, maipolongto iti maestrona quet mababalao. Addaytoy ngarud ti naaramid itoy agsarsarita; gaput iti napalalo nga apalna nga sumrec met idiay quina milicia infantile quet dimet ngarud ipalubus ni amana; caasi la nga mangipampamuspusan iti isusurutna met; ni la amana ti sipsiputanna bareng no aguid-da a masapat bassit quet macaturog cuman. Naaramid ngarud a agpaypayso quet apaman a nacaredep ni amana, a las nueve ti hoarsen nangala met ti sarucudnan; naglibasen a aoan pay pampañona quet napan iti caudian a fila dedi compania a buclan daguiti escuela ni amana met laeng. Nairana met ngarud a daytoy compania mapan maqui-guerra ta nabilletean. Saanda a dinagdagus ti napan no di calpasan ti mano nga vuelta iti calsada nga panagarsisioda a naimbag, ta cona dedi turayenda nga nasaysayaat ti ditay mapan no ditay maensayar a nalaing no casano ti iseserrectayo a maquirupac. Calpasan ti panangensayarda nga nalaing naaramid ti pasalista, lista de armas quen dadduma pay a rebengna nga aramiden quen agaoen daguiti mapan maquigubat, aoan lat dumana itay aramid daguiti pudno nga tropa. (2 pages are missing from the original manuscript).

Ngem saan ta dedi companiami isut mangrugrugi a maabac. Nairugui ti timmaray quet casta unay ti daga quen tapuc; pagaamoan namermeran daguiti matacon. Napasanud ti companiami quet quinamat daguiti contrario. Siac gapu iti diac ngarud macaquita, cacaasiac a dinaldalapusda. Aoidec cuma ti agpaiguid iti bangir ti calsada tapno sumapilengac cuma ti alad, paga-amuanan addadtoy a sinagabac ti maysa a pang-or a nagdisso itoy rupac a bangir (iti macanaoan). Quet nupay siquiquidemac a sigud ta namermeran ngarud daguitoy matac, idi nagdisso ti pangor itoy rupac, cas la guimilayab ti apuy ti naquitac. Napadsoac metten quet casta unayen ti echurac a inlactaolactao quen dinaldalapus daguiti cumamat cadaguiti agtataray. Quet idi nacalabesda aminen quet sisiacon a nabati, inagaoac ti simmapideng, a nagcarcarayam idi alad quet nupay nadonor toy rupac. Yti immona nga inagaoac isu ti pannacaibuquirad cuma toy matac. Yti pigis ti badoc isu ti pinagpunasco calpasan ti panangbasac cadaguitoy matac saacto pinunasan, quet ti tuprac isu ti panangbasac. Quet idi nga maquitac bassiten ti dalanac, nagininutac a nagaoid idiay balaymi. Nagyamanac unay ta nacaturogdan idiay balay, innininayadco a inlucat ti puerto, dinagdagusco ti napan idiay lugarco quet naguidaac metten. Diac naala ti turogco gapu iti ut-ut ti cammoor a daquel itoy rupac quet panpanunutec no casanonto ti panagpalaoagco cadaguiti nagannac caniac ton mabigatanmi. Yti a las cuatro ti parbangon a cadayoan a panagririing dedi amac no patitenda ti primera idi campana ta malualo daguiti cadayoanda a datao Cristiano, saanda pay met a nabigbig dedi cammoor a daquel toy rupac, ngem iti oras a panagbabangonnen capilitan a diac nacalisi. Nasdaao da amac quen inac, inruguida metten ti agsaludsud no ania nacaamuannan toy rupac. Aoan namuspusac no diac sinao ti pudno. Dedi nanangco nagsennaay unay quet nagsangit quet dedi tata calpasan ti daricmat a ipupudot ti naquemna, impasirmatna caniac no casanno ti babae a nagapuanac a cas anac a nasuquir quet ti napasamac a pannacadunor, ni Apo Dios ti naquinnaquem cas dusa ti salungasing a naaramidco. Casta ti quinonana, adu nga pamagbaga ti inpaayna caniac; yamanac cuma anacco no ti napasanam isu laeng ti dusa a inted quenca ni Apo Dios iti

12

salungasingam quet aoanto cumat nayonnan; siac rebengca met a dusaen iti biangco ngem umimbagpay dayta donormo. Dedi nana inugasanna toy rupac calpasan ti panagdalusna agramaan daguiti ruguit ti oloc gapu idi tapoc quen taep.

Maicatlo - Yti naminsan a malem a cadama ti lualo ti Santo Rosario iti uneg ti simbaan, maipoon ti celebracion ti maysa nga Jubilee imbilin ti Santo Papa. Daytoy a panaglualo naaramid iti naminsiam oenno namincano nga malem quet patinayon a maponno ti simbaan iti caadu ti maquilualo. Adda met a patinayon daguiti escuelas babbai quen lallaqui quet addaac met a di naglanglangan. Timmugaoac iti napaut bassit quet puypuyotac, a carigco la pagonien daguitoy dua a daculapco a sicacalubda nga no cuma no di uneg ti simbaan quen di sidadama ti lualo quet paypaysoec a puyutan, aguni cuma iti natab-bag a iti pagbalicsanna "tuuuudo". Dedi casdi nga aramidec, adda nga agpalpaliiw dedi maysa nga padac a escuela quet quitana ti macalucsiao iti cas idi nga aramidec. Quinalbitnac iti nadagsen a icacalbit quet quinonana, "agparintumengca met, aglualoca met". Siac quinitac iti nasaquit a iquiquita quet sinungbatac iti daques a isusungbat: "agparintumengca laeng, aglualoca laeng", quet adda pay daques a sao nga innayonco. "Agalluadca ta ipulongcanto quen maestro", quinonana manen. "Aguipulongcanto laeng", quinonac met quet adda man daques a sao nga innayoncon. Ydi nga nalpas ti lualo rimmuar daguiti tao iti simbaan, agaaiodan quet daguiti escuela babaen ti cadayaonda nga aguiguidan iti dua batog sada icanta daytoy "todofiel cristiano etc." agtorongda metten idiay escuelaan. Nacasangpetdan quet calpasan ti lualoda quet timmugaodan nagsaludsud ti maestro, "adda nagangangao cadacayo idiay simbaan?" Timmacder dedi quinasuppiatco quet napannac impulong. Ynayabannac ti maestro tapno agimtuud quet siac impudnoc a dagus ti agpayso nga inaramidco isu nga nacaipulungac. Ti maestro inqueddengna nga madusaac cas mayanatup iti babae a naaramidco. Siac nagpacpacaasiac iti maestro tapno pacaoanennac coma iti pannacadusac. Dedi apoc a lacay gapu iti maipapan nga carig la maited caniac ti pacaoan,

13

(dua idi iti maestro iti escuelaan a daquel oenno publica; dedi apoc a lacay isu ti maysa quen adda maysa a cadduana quet isu daytoy ti nangindaang iti panguep a nacaipulongac) isu ti simmalungat a cunana: "Saan a maicari ti pacaoan ta siac a maysa saan a mapacaoan ti casta nga babae ti amona; quet maicadua ta isu apoco quet adayo a consentirec. Yasidegyo ditoy ti maysa nga banco, quet sica, quinonana iti maysa nga escuela nga bumaro cataon, alaem daytoy oay ta saplitem daytoy naimbag a ubbing". Naitenga nga agpayso dedi banco quet nacamattider met dedi mangsaplit caniac (agtaoen dedi it dies y sies años quet siac dies años laeng). Agulitac iti panagdaoat iti asi idi apoc a lacay quet dinan la impangag. Immasidegac idi caduana a maestro barbareng no adda mabalinna a pangescapar canniac; aoan laeng tapno dina contraen ti naquem ni apoc a lacay: "Sumacabca" quinona daytoy, quet siac tinaliaoco manen dedi caduana nga maestro quet quinonac, "caasiandac maestro ta urayno masaplitac no sica la quitdi ti sumaplit; diac pay naramramanan ti saplit iti ima ti sabali no di laeng im-ima daguiti nagannac caniac." (Pagaamona nga daytoy mabilin ti sumaplit, mabuteng no pampamayanenna; quet no ti maestro, ammona ng itutup ti rumbeng iti quinatao no ubing oenno lacayen ti sapliten. Isu daytoy ti napanunutco idi.) "Sumacabca cunac", quinona nga naglaao a sipupungtut di apoc a lacay. Idin simmacabac a agpayson quet casta unay a nagsaquit ti naquemco ta aoan lat panangipateg daguidi panagpacpacaasicon; quen casta met unay a butengco ta damdamoc la unay ti masaplit iti sabali nga ima nga saan nga ima daguiti nagannac caniac. Idi nga ilayat dedi natudingan a sumaplit dedi pagbaot a pagsaplitna caniac quet intayagnan ti tacquiagna, naricnac ti baguic a cas la nagpipiquel. Tinactacco nga insardeng ti pinagangesco sac impatangquen ti baguic quen inquidemco daguitay matac tapno diac cuma maricna ti saquit ti saplit a agdisso ti ubetco. Iti daytoy a echurac casla diac naricna ti saquit dedi saplit a nagdisso caniac ngem naricnac quitdi ti naiduma nga pungtotco. Limmagtoac a timmacder a nagpuccao iti ingana ti penpennecco quet diac quinayaten a immay ti capamindua ti saplit; naglaaoac iti natebbag unay iti sao nga ...sao nga narigat a mapanunut a saoen ti maysa nga ubing nga agtaoen laeng iti sangpulo a nasuroc. Aglalo cuma nga dina pacaiturdan ta acto ti quinajusticia nga adda nga imtonan daguiti maestros, quet adda nga siacto daguitoy maestros! quen ubbing a namonno iti escuelaan. Idin immarauiat caniac ti diac panagbuteng. Diac napanunut ti naimbag quen casta met a diac malasinen ti cuma daques; quet no diac la ngata cuma ubing a bassit, diac ammo la ngata ti nagpatengaan ti inaramidco. Yti dedi nga tignay a naaramidco, ilalagtoc a pimmanao iti banco a pacasaplitac quen panagpuccaoco iti natebbag a nangisao iti daques. Dinagdagus di apoc a lacay ti nacaunget quet nagsao iti napigsa; "nagdaques a ubing daytoyen; caububingna laeng quet maituredna quen magaoatna ti castoy a impaquitana!" Dinagdagusna nga inagao ti pagbaot tapno isu ti umay sumaplit caniac. Siac ta ammoc ngaruden ti panguepna, nadadaanac a lumucso a tumaray. Dedi duclusennac, inruguic metten ti tumaray; idiay mismo nga uneg ti paguescuelaan ti pangcamcamatanna caniac quet nagbanag a nairaman daguiti ubbing a nadaldalapusmi quen lactalactaoenmi; pasaray pay addda mairamraman iti saplit intunggal maigaoat caniac quen casta met cadaguiti pannacaaoasna. Daguiti ubbing, agsipud iti caaduda quen iti cacurang ti banco a pagtugaoan quet iti la igiguid ti tabigue o diding ti yan ti banbanco. Agtutugaoda amin a agsampila iti suelo a mabinnabinnatog sagtungal pulo sangabatog iti macanaoan casta met a sangapulo iti macatiguid. No agpasurong datao iti dalan ti escuelaan, aoan ta iti-itan iti caaduda isut gapuna nga idi casdi nga camatcamatennac di apoc a lacay iti saplit adda quet daytoy maaddaganmi; ta siac man quen dedi apoc a lacay pasaraycam matumbatumba oenno mapadpadso iti rab-rabaoda. Dedi nga eccena oenno dedi nga echurami quen apoc a lacay, nagpaut inganat iti di nabannug. Adu ti saplit a nagdisso caniac, entero nga licudac manipud tengngeco inganat sacsacac. Nagpigpiglat daguiti dadduma nga nagdissoan ti saplit quet adda pay laeng ita. Diac natanaoan iti bucut ti daculapco a macatiguid isu nga recuerdoc oenno panglaglaguipac iti quina-suquirco oenno quinatangquenco nga nagubing. Ydi nga simmangpetac iti balaymi, dedi met la nga malem, aoan a nadanonco daguiti naganac caniac quet iti casdi nagyamannac tapno dida madlaoan

15

a dagus ti casdi nga nacapaayac quen nagyamanac met tapno mapatuloyco ti sicatco. Innalac ti immoco a nasayaat. Immucoc no innac idiay bangirmi quet mapanco sinaed dedi nangipulong caniac iti dalan a pagnaenna nga sumangpet iti balayda. Maysa nga orasco nga nagururay quet aoan a naurayco ta nagparicna ngata quencuana dedi panguepco quet nagna iti sabali a calsada. Idi casdin incanayonco ngarud ti napan nangzacate iti canen ti vacac quet rabiin idi sumangpetac idi balaymi quet inagaoaac ti di cuma madlaoan daguiti nagannac caniac ti casdi nga nacapaayac. Pagammoan antes ti las siete itay met la nga malem, addaytoy ni apoc a lacayen a immay nagpulong cada tata quen nana.

Calpasan ti panagaoid ni apoc a lacay, suquimatanda caniacon ti casdi nga nacaipolongac. Impudnoc amin amin; dedi nanangco nagsangsangit idi masucainanna ti gapuanan daguiti saplit itoy baguic. Piman ti asi ti ina no maquitana ti uray no bassit la nga donor ti dongdongoenna nga anac! Isuda, amac quen inac, binabalaodac unay unay iti casdi nga nagapuanac quet adayo unay a pinabasola ni apoc a lacay. Ni inac ta nasaquit la unay ti panagsaibbecna, daguitoy ti sinasaona nga cangronaan: "anacco daguitoy a napasar quenca a cas idi naminsan manen, agservida nga pagtantandaam iti bayat ti banagbiagmo. Daguiti aramid oenno naquem ti Dios napatacda; aoan ti nalmeng. Gapu iti salungasingmo cadaguiti pamagbagami, siac quen ni tatangmo, a quinonconami quenca, saancanto la a maquiringringor. Dinusanaca ni Apo Dios iti ima ni maestrom oenno ni apom nga lacay; ta iti ngamin di agtungpal cada amana quen inana macabasol iti Dios. Quet sapay cuma ta immanayen ti pannacadusam a naipatay quenca quet dinacanto dusaen ni Apo Dios idaiy sabali a biaguen. Casta met iti dica panagtungpal cadaguiti bilbilin ti maestrom, quet saanmonto a sansanen dediay a nagapuanam quen casta met dedi naminsan man idin quen casta met a dicanto aramiden daguiti aniaman a depagayatan ni Apo Dios. Ammom isu saom, aramid oenno uray paquinaquemmo laeng ammona amin, aoan nalimeng quencuana. Aoan ti pamabasolan quen apom a lacay quen casta met daytoy padam a ubing a nangipulong quenca, ta isuda nagservida laeng

16

a cas gamigam oenno instrumento nga inaramat ti macabalin a Apo tapno matungpal ti naquemna, estos es, nadusaca maipoon iti salungasingmo quet casta ti naquem ti Dios." Quet ni met amac ad-adu pay ti patigmaana a impaayna, panangarcari quen panamutbuteng quet naisabali ti pammatigmaanna ta napacuyogan iti unget; quet daguiti met patigmaan ni nanang nabuggoanda iti lulua. Nagapuanac met daguiti dadduma nga quinapilio ti ubing ngem aoan cuentada.

MAICAPAT NGA PASET

Dadduma Cadaguiti Paliiona idi Caubingna Pay

No cadaguiti oras a caadana iti paguescuelaan, isu met ti cadama daguiti trabajo ti publico a cuma daguiti managanan polistas idi a tiempo, diay simbaan, oenno convento, oenno tribunal oenno pagcalzadaan. Sumbrec daguiti polistas iti oras ti las siete iti bigat inganat iti las diez a panagretirada; quet sumbrecdanto manen no las dos iti malem inganat las sinco o las sies. No dadduma a diez y media sadanto la patiten ti las diez diay campana quet a la una y media mapatitto met ti las dos iti malem. Ti pacaipoonan daytoy maipoon iti panagaoid quen panagserve daguiti polistas; daguiti marbengan a agpolistas dose cuartos ti fallasda iti maysa nga aldao a dida iseserec iti trabajo. (Dose cuartos idi, equivale a sies centavo y dos octavos ita). Quet iti annong a tungpalen ti maysa nga lalaqui idi iti panagpolistas, cuarenta dias ti macataoen. Quet daguiti rumbeng a agpolistas idi manipud dies y seis ti taoenna inganat sesenta años. Manipud dies y ocho años met ti agbayad iti buis inganat sesenta años.

Daguiti ragaderos, (agragragadi) pacay-ayatanna nga buybuyaen ida no agdamada nga agragadi ta nasayaat ti panagcocompasda nga mangidoron quen mangoyod iti ragadida; quet cas la agbalbalicas no dengdenguem ti pannangan ti ragadida ta ris ras, ris ras, ris ras ti pagbalicasanda; quet daguiti met ragaderos adda daytoy no nabanbannogdan, adda panagpuccaoda a maysa cadacuada. Ti omona nga agpuccao iti castoy: "ABIA", quet sumungbatto amin amin daguiti dadduma no manoda nga pareja quet sangsangcacompasdanto amin a agpuccao iti, "ABIA", sadanto agsardeng. Maysamaysa agsindi iti suacoda nga adda quet rotongrotongan a cuna, adda binarutan, adda calcalaingannat cadaquel, adda daddaquel adda met pungpungit. Quet calpasan panagsindida, mangasa iti ragadi daguidi dadduma quet daytoy manen sabali a mangeg panagrasaras ti garugad quen ragadi ta rres, rras, rres rras; casta met nga napaut ti mangmangeg. Adda pay sabali nga ipuccaoda no dadduma no cadama ti panagragadida a castoy, "avante, ando-ando", cuna daytoy maysa, quet casdiayto met amin ti ipuccao a sangsangcacompas daguidiay cacadduana. Dagidiay puccaoda nga "avante, ando-ando", sinaludsud dedi apo Padi a purao, (daytoy isu met laeng ti pangnaganan idi iti Padre Cura nga Castila) dedi fiscal ti convento quet daytoy medio maamac cuma nga mangisao iti cababagas dediay ipucpuccaoda, ngem saanna a nabalin a di insao. Dediay sa met sao nga "avante", apo, quet "agaoantayo" cunanansa met. Am-ammom ngem iti siac apo a ta sao met ti Castila; quet no dediay met "ando-ando" diac quet ammo no sadin naggapuanna nga sao ngem iti cas cababagasna "ininayadentayo, oenno agin-inayadtayo, oenno ditay unay pigpigsaan". Dedi Padi nacaunget quet napan iti baba nga arubayan ti convento quet quinonana cadaguiti agragragadi: "dacayo pillo a, ta agaoantayo cunayo nga ipuccao quen panpanayanentayo sacay met la cuna nga isaram? A ver no alaec ti baut ta cacaasicayto amin. Daytoy maipoon quen sao nga "avante ando-ando" diac nainatangan no mismo ti panangbabalao dedi Padi, ngem dedi fiscal a nangipaaoat iti cababagasna isut nagsarita caniac.

No iti tiempo ti Cuaresma iti tiendaan oenno mercado, adu ti bungbunga nga taguilaco; sandia, camantiris oenno damortis, bagas ti sincamas, camote nga nasasayaat a clase, tagapulot, balicosha quen nadumaduma nga sinam-it quen adupay a quita nga malamlamot a maadda idiay nga tiempo. Castamet ti madumaduma nga bunga ti natnatteng; tomatos, tabungao, tarong, paria quen adu pay a sabali iti dediay a tiempo; lamlames a nadumaduma, aggapu iti baybay quen carayan. Quet amin daguitoy a maquitquita dedi nga ubing pagayayatanna a pagsisiddaaon.

Yti daytoy a tiempo aglalo iti uneg ti Santa nga Cuaresma, calpasan ti misa iti patinayon a aldao quen calpasan ti patit ti visperas iti malem (ti a las dos), mapatit ti maysa nga campana cadaguiti babbabassit quen adda nasayaat a timecna. Mainugot iti isu nga maipalaguip, patit oenno pangayab cadaguiti agconfesar, quet iti daytoy impresionado la unay dedi ubing gaput ta mangmangegna cadaguti namatulad quencuana oenno dadacquelna nga iti cas la balbalicsen daydiay a patit isu daytoy: "laglaguipenyo Cristianos daytoy a tiempo a pananglaglaguip iti panagtotooc ni Apotayo a Jesus gapu iti ayatna cadatayo a managbasol, quet babaoyentay daguiti basbasoltayo tapno maicaritayo nga agpulang quencuana." Panagconfesar, panagcumulgar, panagcararag, pannacailibot ti estacion cadaguiti lanlansangan; Semana Santa quen dadduma pay a fifiesta, pagayayatanna unay.

MAICALIMA NGA PASET

Ydi 1866 isu ti pannacaulila na iti ina calpasan ti panagsaquitna iti tibi oenno sarut. Nacaro a saquit, aglal-lalo no sadi baba ti pagsaquitan; tungal agam-amangao maipoon ti pudot a maricnana no dadduma, idi dumagsen a dumagsen ti saquitna, no malpas a maca-ungungar di agcurang ti sarsaritaenna a conconana; "saanyo aya nga naquita daytoy maysa nga Señora nga immasideg caniac?" "Aoan met naquitquitami, quet dina la imbaga ti nasayaat a agasmo?" "Saan met a casta. Diac la nalaguip ti nagsaludsud quencuana." Daytoy ngata ti cuna nga ar-arapaap oenno ania? Saan a naminpinsan laeng nga dedi nga sarsaritaenna quet dedi ultimo a panagparangna isu ti panagsaona; castat sarita dedi masacsaquit a nanangco quet quinonana cano: "ala agan-anusca la unay cadaguita ricricnaem; uray quet saan a mabayag ti yaaymon, agrubrubbuatca laeng ta ton maicalima nga aldao umaycanton a di agcurang." Napagteng ti maicalima nga aldao a agpayso quet iti agsapa conconana dedi masaquit: "aldao ita a Domingo quet maquimisa cay amin agsusublatcayo yangem ta dua met ti misa ta ita nga aldao panaoancayon no iplaubus ni Apo Dios." Agpayso ta pasado las diez iti bigat, omona nga Domingo iti Octobre 1866 nangrugin nga simpangpet quencuana ni patayen, patay a natalna unay. Sapay iti Dios ta adda cuma nga maquiranud quencuana sadi Gloria.

Arinonos dedi a taoen 1866, inyaoatnac dedi tata iti Padre Cura tapno sursuroannac quet nagtaengac iti convento inganat Julio de 1869. Dedi nga casasaad, nasayaat ta matengngel ti bagui, saan da tao a ma-in initan. Nasaysayaat ti panagbiag ngem idiay balaymi ta aoan pacatiltiloan a uray aniat quita a trabajo ngem narigat met unay ta aoan ti panagondayaona nga agay-ayam

21

idinto daytoy ti alburen daguiti ububbing a cas quencuana. Aoan ti panag-ayayam a pulus quet libro, tintero, papel quen pluma laeng ti sangsangoen a cayat dedi Padi a ipaspasango cadaguiti ubbing iti ayoanna. Dedi nga Padi nasayaat ti cadaoyanna nga adda gemio na nga muy vivo a cuna ti Castilla. Adu ti naquitquitac a Castilla quen papadi quet aoan ti macapada quencuana. Naoyong cuma daguiti icuraanna ngem naayat quen naasi met cadacuada. Nagsaquit daytoy iti casla panateng laeng quet calpasan ti nacurang bassit a maysa nga laoas a panagsaquitna natay idi 2 de Julio 1869. Sadi Tagudin isu nga nacapan-teonanna.

Simmangpetac iti balyami quet dedi tata inrubbuatna ti innac cuma panagadal. Casta unay ti gagarna itoy a napanunutna, ngem siac agsipud iti napasarac a pannacasingsinged bayat tres años nacurang bassit, nagdaoatac iti amac ta dinac coma ip-ipan iti pagadalan ta agbangcag quen agtalon ti tinarigagayac la unay. Nupay ti panunut dedi tata quet quinonana: "no casta a madicam nga agadal quet caycayatam ti agtrabajo isu nga idaaotmo aciac, padasem ngarud dayta isu nga napanutnutmo." Ydi casta unay ay-ayatcon ta diac masingsingeden. Ynigannac ngarud ti trabajo a bucbucudco a maymaysa, sangapulo quet lima idi ti taoenco. Dinac dinagdag dedi tatangco iti panagtrabajo quen panaguirubbuat iti panagtrabajoan, ta isu binaybayanna ti oficio a pagtalon agsipud ta adda sabali nga oficio oenno abilidadna a nadardaras a pagsapulan ngem tit agtaltalon laeng.

Omona nga oficioac idiay a lugar a nagbangcagac, isu ti quina-maestro particular ta insaadnac ti maestro mayor (a cuna idi nabayag) isuda idi Padre Cura; agtrabajoac mangrugin ti agsapa unay, saacto mangescuela manipud las otso inganat a las diez ti bigat. Mangescuelaacto manen manipud las dos iti malem inganat las quatro a panagsublic idiay pagtrabajoan.

Naimbag quen nasayaat unay ti panagtrabajo iti daga no cadaguiti nagaguet. Naimnas no quitquitaen ti panagrucbus oenno panagrangay daytay mula, no madamada nga sumalibucag; quet

22

daytoy ti nanumo unay nga pangyarigac cas ti maysa nga baro nga nalaus a imnas a buybuyanenna daytoy maysa nga balasang a macuncunana, aoanto ti nasaysayaat ngem iti isu. Casta laeng ti panangim-nas ni agtaltalon quen agbangbangcay a sumirsirpat quen narucbus a mulana; casta met a naim-imasto manen no madanon ti panagapit quen maiduldulindan daguiti inapit, pagay man, tagapulot, basi, maiz, camote quen dadduma pay a quita a mulmulaen.

Daytoy a casasaad quinna mannalon nasoroc a tal-lo nga taoen a seguidos a binaadco oenno inannongco; 1870, 1871 quen 1872, daguiti nga taoen quet nasayaat la unay a biag caniac dedi. Nasaysayaat pay ngaruden ti panagtaeng it bancag ta natalna ti naquem; aoan ti casus-susic, nasayasay, adayo cadaguiti sayanguseng quen cuyog cuyog. Nalayang ti maquita nga langit, nasayaat quen nabulus ti angina a nalamiis a sagabaen, aglal-lalo no lugar a napanayag a cas idi nagsaadan ti balay quen pangescuelaac quet saan unay adayo iti baybay quen carayan quen taltalon a nadanom no tiempo ti todtodo. Ta cadaguitay nagcatlo a sinaoc babybay, carayan quen taltalon a nadanom, padapada nga pagalaan iti lames quet casta nasayaat ti panagbiag ta adu ti masidsida. Casta met a adu, naoadoad daguiti natnateng ta mulmulaen ngarud quen casta met a oayaoaya ti panagtartaraquen cadaguit ananimal; carnero, calding, baboy, manoc quen pato, calapati pay. Ti bayat daytoy a tiempo a panagtaengco iti aoay iti oficio a quinamannalon quen quinamaestro ti escuela, diac naricna nga immapay caniac ni agum oenno agaoac iti pirac. Diac la quinoncona, "casano la ngata aya ti pirac? Casano ngata aya ti panangpaadda? Naamnay ngata aya ti adut piracna?" Adayo nga napanunutco daytoy. Agpayso nga daguiti apitec cadaguiti mulmulac, mailaco met daguiti taomi; sobraenmi ngem macaammo la idiay balaymi. Diac tamtamingen no manot naglacoanda ta hijo de familia pay met la idi ti casasaadco. Di agaoa maipoon iti panagmulmula quen nasayaat a panagapit quen pangisursuroc cadaguiti escuelac iti basa; isisuda laeng ti agum a immapay caniac.

Ydi dedi a panagbiag nasayaat a adayo ngem idiay uneg ti ili ta ditoy, aoan daguidiay a gundaoay. Nalipit unay daguiti balbalay, nataccon ti nasayaat a angin, saan a naluyang; nailet ti maquita nga langit. Narigat ti panagtartaraquen cadaguiti ananimal; aoan ti lamlames, natnateng, quen dadduma pay no di pasig a guinatang. Nalablabit quen nasaranta daguiti sayanguseng quen cuyogcuyog a masarsaracan quet pagaammoan addanto cabismasaolucsao. Ydiay aoay adda pay sumangcasayaat a magun-od sabali laeng daguiti naisao itayen a gungundaoay; daytoy isu ti catalna, calamiis quen caoayoaya ti panagpanpannunut, calaoagna quen casarioa-oena; no cuma no nalaing a poeta ti agyan ti aoay quen sumursurat cadaguiti libro; adu cuma ti maaramidna. Maysa ngarud cadaguiti limmaguep itoy nanomo a panagpampanunutco idin daytoy.

Napadasac metten ti biag ti trabajodor iti daga quet naammoac metten ti caipapanan ti trabajo. Yta masapul pay met cuma ti sabali nga daytoy naim imbag pay met a oficio quet nangnangrona ti panagadal quet napanunutco ti mapan sadi Manila. Daytoy a napanunutco inyamoc quen amac quet idi maimdanganna, "oen mabalinmo ti mapan; pues ammom a dayta a panunutmo umalioacsay a ni cumita iti adayo bassit quen nasayaat a lugar tapno macasursuroca iti sabali pay met a saan la nga dayta agtaltalon. Pinagur-urayco ti idadatengna quenca quet pagyamanac ta naisipamon. Mabalinmo ngarud ti agrubrubbuaten." Napalabas iti dedi ti sumagmamano a bulan; casta met ti Semana Santa ta casacbayan daytoy a fiesta idi nga nagsaritacami quen tatangco. Dimteng ti bulan ti Junio (1873) quet indarigagaycon ti pannacaipatuloy cuma ti panagpa-Manilac. Sabali ti sarita dedi tatangco ta daytoy: "nasayaat met ti inca sadi Manila nga cunac quet am-amangan la quitdin, mangasaoaca quitdin ta saanca nga umadadayon. Ammon met ti agtrabajo quet adda met battit ammomon no maipapan iti panagsursuro ti tarigagayam. Pues dayta nga ipapan a gaguemmo sadi Manila, maipalaguip dedi maysa a cabsatco nga napan sadiay. Nangasaoan quet intanengna idiayen; saana a quinayat ti nagaoid ditoy ilinan quet nadanonan ngarud ti patay sadiayen. Amangan quet no mapadacanto met."

"Tata", quinonac "nasayaatmet ngata dayta panangasaoa a cunayo ta seguro panangisagut ngarud caniac ti caipapanna, ngem quitdi baybay antay pay la cuma; pues nalabit a saan a dayta a banag ti casayaatan a sagut a ipaayo caniac no di quitdi iti pannalubusyo tapno patuluyec ti nalpastay idin a pinagsasao. Quet no ipalubus ni Apo Dios mangasaoacto cuma no adda aglabes a viente sinco ti taoencon. Yta otsenta pay laeng, ubingac pay, nanengnengac pay iti sursuro, aoan pagsapulac quet saan met ngarud datao a nabacnang unay, etc." Ydin immologacon ta imapay caniac ti bain maipan iti sao a mangasaoa. Pues no maisao caniac ti asa-asaoa idi, diac pay gusto, imay caniac ti panagbain. Naminsan pay a insaoda man caniacon daytoy met la panangasaoa, timmarayac a immulog ta cas nasaocon, umay caniac idi ti panagbain, quet aoan maurayda nga sungbatco no di la daytoy: "no mangasaoa ti taon, ubbing, annac lat patpatauden daguiti nag-asaoan. Diac pay la masapulan ti agservi caniac a maymaysa ita. Masapulacto ngarud ti canen daguiti familiacon; nacurangto pay sapinco. Addanto quet maitedco a pandiling ti aganaquen quen lamping ti ubing? Maicadua pay, iti mangasaoa inaoancon dedi sayasaya nga adda quencuana, maisublito pay la ngata nga paaddaen daydi sayasaya nga inaoanco no ti panangasaoan nga isulisugyo isut anamongac?

MAICAINEM NGA PASET

Ymmona Nga Usuat a Yaadayoc iti Ili a Tinaudac

Agtutubo a sangapulo quet oalo ti taoenna daytoy agsarsarita. Maipoon iti idagdag ni panunutna ti umalioacsay ta conconanan la a masansan; "pinarsuanac ni apo Dios, inturayna toy caradcadco, iniccannac iti bassit a pigsac quen panunutco. Masapul adayoan ti uneg ti balay tapno adda maquitquita, masursuro, manayonan daytoy nacurapay a panunut; adayoan ti ama tapno nasaysayaat quen nanaynayan, nasudsudi ti pananglaglaguip quencuana. Ta no sidedequetac la quencuana, aoan maiparangco quencuana a cabaelan ti quinalalaquic. Aoan; nacurang ti maipaquitac quencuana a panaggayatco no diac adayoan bassit. Dedi nanangco natayen quet saan to a mapucao it panunutcco ti daquel unay a ut-utangco; daquel a recuerdos quencuana. Aoanac cuma a timmao no dinac inyanac; idatonconto quen Apo Dios iti lualo nga Amami, Ave Maria quen Requiem a pangacacaasic iti caruaruana iti ibabangonco iti bigat quen panaguidda iti rabii; casta met cadaguiti oras a caadda oayaoayac. Quet ni tatangco, idaodaoatconto met quen Apo Dios tapno taguinanayenna ti caradcadna. Sabalinto pay daguiti sagbabassit a cas presente oenno sagut a uray cunam dina masapul idda, itdecto laeng a siraragsac quen siyayaman quen Apo Dios tapno maramananna ti pigsac quet mapaayatanto ti pusona quet cunananto, "Yaman pay quen Apo Dios ta iniccannac ti anacco a macalaglaguip caniac. Sica Apo ti omona a pagyamanac, saacto isaruno ti agyaman quen mananglaglaguip caniac a annacco."

Quet iti maysa cadaguiti umona nga aldao ti sinao a bulan, Julio 1873, nagluasac ngarud a agturong sadi Cayan, distrito ti Lapanto tapno innac agsapul iti pacaisaadac a oficio nga pacasursuruan quen pagganaran. Nagluasac a siaamit cadaguitoy a panutnut: panaoac ti ili a timaudac; panaoc ti amac quen cacabsatco, cacabaguiac, gagayemco quet rugiac a ni quitaen ti sabali pay met a lugar. Daytoy a ussuat ti ya-adayo isut damoc; nagdadamoac a immalioacsay ti panagpampanunut. Quet adda pay sumang cangrona ngem amin a siaaddat iti naquemco a cas la naisurat iti carayan ti pusoc, isu ti immad-addan panacalaglaguipco quen Apo Dios iti naiduma nga ayat, cas quen pannacabalinna. Quet nalaglaguipco la unay daguiti pamagbaga daguiti naganac caniac manipud damoc ti nagnaquem quet immadadda nga agpayso ti nasgued a panagdaodaoatco quen Apo Dios quen panagcammatalecco quen Apo Santa Maria tapno dinac cuma liwayan a idaodaoat quen Amaenna a manangisalacan tapno cagun-udac cuma ti salud ti cararuac quen baguic. Agdamdamo ngarud; casano nga dicad masmasdaao cadaguiti damdamona nga maquitquita? Manipud iti dayaen ti ili nga Salcedo agpasurong iti carayan, luglugar a nagguiguituban ti banbantay a dadaquel inganat iti carayan Guinibur; sa agpasangat agturong iti ranchera nga Lidag (a isu ti managan Conception ita) sa man sumang-aten agpa Ling-ey (isu ti Mabatano idi) quet manipud man ditoyen, sang-aten ti bantay Tirad. Quet iti panangipapanco isu ti umulian a mapan sadi langit quet uppat a oras cabayagmi nga nagsangat quet bayat ti panagsangsangatmi aoan naquitac no ti paspasig a ulep a nangabbong iti ngato quen cadaguiti rabrabao ti banbantay. Narigat pay maquita daguiti caycayo nga uray cuma no daguiti la asideg cadacami agsipud iti capuscol ti ulep ta calcalpas ngamin ti todo nga napigsa. Idinto nga nalpas ti las dose iti aldao idi irugimin ti nagsangat naggaput Mabatano quet las siete oenno las otso ti rabii idi simmangpetcami idiay Angaqui. (Ngem daan daytoy Angaqui ita nga tiempo ngem ti Angaqui idi, ta idiay ngato nga adayo iti pagulian a Angaqui ita isut idi ti Angaqui, quet daydiay Angaqui idi isu ti poroc a Sacquel a managanan Mantamang).

Ditoy Angaqui naigaoidac inganat iti nagtapus ti Septiembre iti dedi met la a taoen, gapu iti panagdaoat caniac dedi Señor Rafael

Lagasca, maestro directorcillo idiay a ili idi tapno agaramidac oenno trabajoec ti padron a maipaay iti dedi a taoen. Quet idi agtapus ti Septiembre nga ipapan sadi Cayan ni maestro Lagasca, a naisao, naicuyogac quencuana. Ysu a nagruguinan ti novena ti Santisimo Rosario sadi sinao a Cayan idi simmangpetcami sadiay. Saan a bassit ti impresionesco cadaguiti luglugar. Sadi pay Angaqui nga isasaad iti bacrang ti bantay a dacquel nayan dediay Tirad; sumango iti daya madaraoan daguiti nauneg quen nalaoa nga luglugar a pagayusan ti carcarayan; maquita manipud surong nga adayo unay ti Angaqui inganat iti adayo a lugar a babaen ti maulit a Angaqui; quet no ipangato ti cumita banbantay a dadacquel unay quen adayoda unay cas daguidiay masacupan ti Benguet quen Polis, agtorong sadi Abra quen Cagayan quen dadduma nga luglugar a narigat a saoenen ditoy. Sadi Cayan otra impression manen, ti Cabesera naisaad iti bassit usit a lugar nacaisaadan ti Comandancia Politico Militar, Cuartil de la Guardia Civil, balay ti Capitan de la Escuela Publica, camarin de tabaco, quen agsangupulo a balbalay daguiti oficia los empleados, empleados a escubiertos, celadores de la Colecsion de tabaco y mas pocos particulares, quen maysa nga camarin a pagdagusan daguiti sangsangaili nga agtaguilaco quen yan ti maymaysa unay a tienda ti luplupot quen arac a taguilaco dedi Señor Andres Vargas managan iti Camarin de Tiangui. Comandante Politico Militar, Don Victor Lauz y Cantero Capitan de Infantena, naimbag, navalor quen recto a Castila. Ynterventor de Hasienda Publica Don Guillermo M. Aguirre, mestizo Castila, naayat cadaguiti padana nga Filipinos, bumadang iti nadaras a pannacauray iti nombremientoda daguiti aspirantes a escribientes, maestro de escuela, interpreta, alcaide quen sabali pay a empleo ta adu ti influencia na cadaguiti oficionas de Manila. Diac saritaen ditoyen daguiti dadduma nga oficiales Españoles quen mestizos. Sumangcangrona ngem amin a nacaimpresionnac idi omona nga sardamco idiay Cayan, ti timec ti orquestra a buclen ti maysa a violin, flauta, guitarra, bajo de unas, quen batingting ta sabali la unay ti panagdengdengegco iti timecda. Casano ti timec daguit instrrumento dayta nga orquestra? Naisabali unay ti timec ti orquestra sadi baba (cadaoayoac a no adda datao dioty

28

cabanbantayan quet saoem cuma ti ili a maysa a mano nga ilili, idiay baba, macuna. Quet no ditoy met baba ti yan, idiay surong cuna met, no saoen ti ania man a lugar ditoy cabanbantayan) ta dildil-lao unay caniac dedi mangegco a timec ti musica. Ti pacaipoonanna isu daytoy: iti sidiran ti balbalay a ti maysa cadguitoy a balay isut ayan daguiti agtoctocar, iguid ti teppang oenno ngarab ti oaig a nasuroc a veinte metras ti caunegna quet iti casumbangir daguiti sinao nga balbalay oenno iti mangimbangir a ngarub daydiay a oaig, banbantayda a dadaquel. Quet iti castoy a casasaad, oaig a nauneg quen banbantay a dadaquel pagbalinenda nga dildil-ino dedi timec ti musica ta agcal-lical-lingag nga nasayaat ti sonatas a tocaren daguidi mus-musico a cas cadaguiti maestros ti musica quen maestros ti escuela, Señores Simeon de Castro, Juan Guirnalda, Guillermo de Castro, Donato Mulato quen Juan Eduarte. Pasig amin daguitay a ofcionados quet iti saan a nabayag naibungoyac met cadacuada iti panagtoctocar ta maysaac met a afincionado iti musica.

Ditoy Cayan naisaadac a escribiente (nagdadamoac a saad) quet nagbayagan inganat iti Junio de 1875 a pannacapanunutco nga mapan dedi Manila. Quet bimmabaac idiay ili a Tagudin a iti panguepco agsagana cadaguiti masapsapulco nga agpa Manila ngem daques ta ni ay-ayam ti quinabaro, tinactacnac quet idi agmacataoenac iti castoy a casasaad, ayam ayam, quinonac itoy naquemco: "madadaelacto iti castoy quet daques no tungtungpalen ti daques a panaglocloco. Saanto nga sabali ti marigatan no dinto met a siac no baybayanggudao lat araramidec."

Maicadua Nga Ussuat a Ipapanaoco iti Ili

Ydi bulan ti Julio de 1876 napanac sadi Vigan, Ilocos Sur a iti panguepco in sumuca iti pasaporte para Manila. Nadagdagsen daytoy a ipapanaoco ngem idi immona; ta idi daguiti pampanunutco a nasarsaritac iti dacquel a paset a sarunoen daytoy, nanayonan iti sabali manen a quita; quita nga diac cayat a naganan iti nasayaat ta aoan ti naimbag a maitedda ti panagay-ayam a napeggad iti cararua. Malipatan daguiti nasayaat a panagpanpanunut quen Apo Dios quet no panangasaoa cuma ti sigpen, casta met a di maipaay no aoan pay ti tumutup a condiciones a masapsapul. Cayatco a saoen, natangquenanen iti edad a masapul iti panangasaoa; adda pagsapulan na a firme oenno panarnuayanna iti panagbiag quet dispuesto nga umawit iti nadagsen a carga nga isu ti casasaad ti ama ti familia; ama ti sanga-arburan a anac no casta ti iqueddeng ni gasatna. Quet idi macasangpetac sadi Vigan nasaracco ti maysa nga oportunidad a isu ti maysa nga casasaad panagservi a cas escribiento iti oficia ti Comandancia del Cuespo de Carabineros quet naannugut a agpayso. Nasayaat a casasaad ta nupay addaac a oficiado idiay a cuespo, iti laeng oras ti oficina ti caada trabojoc quet calpasanna oaya-oayac iti amin a caycayatco a pappapanan ta aoan ti ania man a quita a servicio a naipaawit caniac no saan laeng a iti lamesaan iti oficina a cas nasaocon. Yti daytoy nagpautac inganat iti bulan ti Octobre 1877 a pannacabalbalio ti cuespo quet adda palubus a daguiti agayat a rummuar iti servicio oayaoayada ti agpresentar cadaguiti Jefe iti daydi a servicio, cas naaramid a casta. Yti pannacaammo ti Commandante del Cuespo sadi Lingayen, Pangasinan inayabdac iti por telegrama quet daytoy a Señor adu a panag-uyuyutna caniac tapno sumubliac iti servicio maipoon ta iti bassit unay a mabaelac iti oficina, masapulna cuma. Quet nagtal-lo nga aldao a tinactacnac a ud-ududan ngem aoan nagun-udna. Pinalubusannac ngarud a rimmuar iti servicio. Naggapuac sadi Lingayen dimmagasac una semena sadi Tagudin sac nagsubli manen sadi Vigan a in lumugan iti sasacayan para Manila.

MAICAPITO NGA PASET

Maicatlo nga Ussuat

Calpasan a macabulan a nasuroc a caadac sadi Vigan, limmuganac idiay Pungul (sadi Vigan) iti Panting Numero 111 Ave Maria ti naganna, quet iti calpasan ti viaje a lima nga aldao simmanglad cam sadi Manila (bulan idi ti Noviembre de 1877). Quet aya unay ti impression caniac idiay ta-ao nga manipud ditoy maquitan iti parbangon ti alinonganong ti iguid ti Manila, nangrona daguiti silao daguiti faroles a nasayaat panagbibinnatogda idiay Luneta oenno Labana. Quet idi ngarud ta nabadeccan ti daga quet macapasiarcam inganat idiay Intramuros, nasnasdaoac iti casayaat daguiti maquitquitac.

Idiay Convento daguiti Padres Agustinas, isut nagtaengac a cas maysa cadaguiti sirvientes. Panagservi nga saan a narigat ta mabalin ti sumbrec iti horas a cayat a isu pagsursuroan manipud las siete iti bigat inganat iti las siete ti rabuii, malacsid no adda la unay servicio nga extraordinario a dina pacaipalubusan. Nanamay quet daytoy a calidad ti panagservi mapalugudan daguiti nagaguet a agadal. Adu ngarud ti nagruar a nalaing a nagserservi idiay a convento, nagpadi, quen sasabali pay a nangato bassit a pagsasaadan.

Daytoy nanomo nga cassaadco nagpaut inganat Enero de 1880 a panagaoidcon sadi ilic ta limmaguip dedi sao a impangtac idi tatangco a quinonac: diacto mangasaoa no diac mapalabes ti taoen a nasuroc a viente sinco. Quinaduac a naggaput Manila daguiti immay nangili a itagudin, agasaoa Señor Patricio Bunoan quen Señora Dominga Lorenzana quen annacda, Señoritas (idi) Pia quen Lorenza. Quet dimmagascami sadi Cabangan, Sambales, a in vinisita ti maestro escuela, anac daguidiay, isu ni Señor Manuel Bunoan. Yti caaddamit Cabangan, naquitac daguiti nangilianmi, agpabagatan a il-ili ingana San Marcelino. Cadacuada aoan maquitac nga adadu nga umili no di Ilocanos; pagsasao Ilocano met laeng. Nalamiis a luglugar quen nasayaat ti mulmula quet malacam a nalaing ti panagbunga ti café; nasayaat nalaca ti bumacnang. Adu ti negociantes, nangrona daguiti taga Vigan ngem nacacaasi ti panagbiag; ta cas saritaenda nga no bumacnang ti tao tulisanenda met.

Bulan ti Marzo (1880) idi sumangpet cam sadi Tagudin, nalipatac a naisarita itay a idi panaggapumi sadi Manila quinacuyogmi ti maysa nga balasang, caaanacan ni Señora Dominga Lorenzana, agnagan iti Rosalia tapno umayna met quitaan ti ili daguiti naganac quecuana, Tagudin ta casta ti quiddao ni tiana Dominga. Nasayaat laeng daguiti impression caniac ta masubliac manen ti lugar quen balay a tinaudac; masubliac ni amac quen daguiti cacabsatco quen cacabaguiac quen gagayiemco; lanlansangana a sigud a nagayayamanac. Yti daytoy mapangpanguep ti panangasaoac quet iti panagquibangquibang ti aramid a cuna ti sao, cayatco a saoen, daytoy cababalin a nupay canomoan ti nanumo ti casasaad ti baro, saan a maymaysa oenno duddua ti cayatna a pagtorongan. Ngem impaay ni Apo Dios ti napudpudno met laeng a nagtorongac isu nga pili daguiti nagannac caniac quen dadduma nga oolitegco quet daytoy cunam a nagtorongac aoan sabali no di ni Rosalia Lorenzana Gaerlan. Quet impaay ni Apo Dios ti aldao a panagasaoami idi 26 de Julio 1880 idiay simbaan sadi ilic Tagudin.

MAICAOALO NGA PASET

Maicapat a Ussuat

Quinamacamco sadi cayan ti omona nga aldao ti Octobre 1880 calpasan ti dua nga aldaoco iti viaje a nanggapu sadi Tagudin. Daytoy a ussuat isu man ti cadadagsenanen a naricnac ta dacdacquel ti carga nga aoaoitecon ngem idi baroac pay. Nadegdegan ti panagpanpannunotco ta nabigbigco idin ti casasaad ti adda estadona. Marido oenno asaoa nga lalaqui ti casasaadcon. Adda panpannunutecon a caduac oenno asaoac a diac quet mabalinen a ibabaoi. Adda catacunaynaycon itoy panagbiag; addan pacaipoonan ti idedegdeg ti panagnaquem, panaggaguet quen panagsalimetmet. Quet pagaammoc idin a iti daytoy a casasaad addanto pay dacdacquel a maidegdeg a isu ti itataud daguiti agsangpet a parsua ti Dios oenno daguiti annac quet managanacton iti Ama. Casaad daytoy a dacdacquelto manen ti responsibilidadna ti Dios, quen ditoy met daga iti panangisuro cadaguiti tumaud a annac cadaguiti rebbenganda iti namarsua nga isu ni apo Dios. Quen rebbengenda ditoy daga nga isu ti pannacaamoda a maquipatas iti padada nga tao cadaguiti naimbag a aramid. Maipalaguep a maisanganayan iti daytoy ti dacquel a rebbengen ti ama (maysa a cadaguiti cadaclan a rebbengenna) a isu ti pannaraquenna cadaguiti annacna, naespirituan quen naidagaan. Yti omona isu ti pannacaimula cadaguiti panunutda ti aramid a naimbag, a isu ti taraon ti caruruada; quet ti maicadua isu ti pannaraonna iti canen a masapul tapno agbiagda a cumileg iti pigsa quen panagdacquel; quen panangluput iti bagbaguida tapno dida aglamolamo quet nasalun-atda; quet cacanayon daytoy ti pannacaammoda cadaguiti sursuroen iti escuela, quen iti panagsursuroda iti trabajo.

Masaritac a antes a panguepec ti agpa Cayan, nagcadua a lugar (maysa cadaguitoy) ti cayatco cuma nga pagtorungan, Manila cuma oenno Isabela (de Luzon). Ytoy omona ta innac cuma agsapul iti colocacion a quina-escribiente, saad a napadasco iti bassit a tiempo, oficina ni Don Estanislao Lorenzana nga official Segundo idiay Real Andiensia, Manila, idi diay a tiempo. Ta daytoy a Señor quen dedi asaoana, Dona Magdalena Masangcay, isuda ti nagtartaraquen idi diay asaoac, Rosalia ta ti naganac iti daytoy, casinsin ni sinnao a Don Estanislao. Quet iti balay daguitoy a agasaoa ti imulugan dedi maulit a Rosalia idi immay ditoy cailocoan taoen a 1880. Quet ti maysa a lugar a cayatco coma a papanan no diac cuma napatuloy ti nagpa Manila, idiay coma Isabela, iti ili a Gamu a nasayaat a casaad ti panangisagutan daguiti taga idiay a mangao-aois caniac no cuma no nagpatuloyac. Iti gapu ti diac nagtuluyan a napan sadi Manila cuma oenno Isabela, ta adda napasangpetco a surat ti caimbagan a gayemco, antiguo nga quina-escribienteac sadi Cabecera de Cayan (dacam a dua ti caantigoan a simmangpet sadiay ta 1873 caniac quet isu 1874, ngem pimanaoac sadiay idi taoen 1875, bulan ti Junio). Dedi a surat, aoisennac a ud-udan tapno agsubliac idiay yanda nga Cayan; quet ini-ofrecerna met caniacon ti saad a quina Interprete del Gobierno Politico Militar nga acumenna ti Incagado de Primera Instancia iti dedi a Distrito de Lepanto calpasan ti panagsaodda idi agdama nga Comandante, Don Luis Sarela. Iti pannacaimdaang dedi tatangco iti dedi a surat, intedda a anamongda nga Cayan isu ti pagtuluyac a papanan ta quinonana: "umanay ti dua nga aldao a pannagnac no umaycayo visitaen, maquitacayon. Ta no idiay Manila, masapul ti aglugan iti Pantin idiay Darigayo oenno San Esteban quet no ngarud no agtodtodo masapul a vapor a pagluganan quet iti casta adu ti masapsapul (saan pay idi nga agandar ti tren uray manipud Manila inganat Dagupan la cuma). Quet no idiay met Isabela ti pagtoloyanyo casta met, oenno narigrigat pay.

Cadaguidi a aldao a isasangpetco sadi Cayan nalaus ti ragragsac daguiti omili ta cadama ti Naval oenno Santo Rosario quen novena iti siam a aldao. Ta cadaguidi a tiempo, tinaoen a macelebrar nupay aoan ti Padi. Ngem iti simmarono a taoen, 1881 isu met ti isasangpeten ti immona nga Missionero, Padre Rufino Redondo. Saan a bimmaddut dedi plaza a quina Interprete ta dagdagus a naisaadac quencuana apaman a dimtennac quet idi agcurang a macabulan isu met ti immay isusurot dedi asaoac Rosalia a quinoyog dedi tata.

Idi 9 ti Mayo 1881 nagrevolucion ti Bontoc, Sacasacam, Talubin quen Sagada. Quet maipoon iti quigquigtot iti dediay nangrona cadaguidi babbai, maysa dedi Dios ti aluadna Rosalia a nadatugan iti umdas a pambar a isut a napacaalisna ti omona nga anac, lalaqui. Quet iti bulan ti Agosto de 1881 simangpet ti aprobacion ti panagmaestroc iti escuela sadi Sagada. Napan camin ta incam sinoctan daguiti agasaoa nga pinatay daguiti revoltos idi 9 de Mayo, 1881 a naisaon, maestro Gelacio Lunicia quen asaoana Houana Lastimosa, taga-Tagudinda.

Nasaritac laeng: dedi pannagnami a napan Sagada, naipalaguip la unay caniac idi ponpon dedi Dios ti aluadna nga asaoac, ta isu naglugan iti hamuca quet siac nagnagnaac sumarsaruno quet dedi nga echura maipada la unay idi ponpon na nailugan iti longon quet siac simmarsaronoac iti abbay ti luganna a longon. Adda cad macabalin a sumuquir iti naquem ni dacquel unay unay a Apo Dios, quen masapul cad pay la nga saritaen amin a napaspasamac itoy a panagbiag? Aoan ngata ti macaipaoil no di la quet nacas-ang a di maicari ti sarsaritaen. Maysa pay ta saan met agpaay idi publico daytoy a sinuratac, para toy nagsurat met laeng quen no daguitinto pututna addanto macabasa, quitdi.

Dedi nga viajemi agpa Sagada, dimmacdacquel man ti panagpanpanunotcon iti nagnagnaanmi quen idiay Sagada a nagtaenganmi, quet quinonconac iti panunutco: mapan iti luglugar a dipay naquitquita, caigorotan, lugar a namapatayan daguiti inmalsa iti saan pay nabayag ta taltal-lo a bulan pay lat nalabes. Agyan iti maysa a balay a adayo cadaguiti caarrobana a siaamac quen sipapanunut cadaguiti Igorot a mamapatay iti saan pay nabayag? Cadaguiti nga siadda iti panunutco immarayat ti sabali a panunut quen nasayaat pay a isu daguitoy: Iti basol a taoid oenno iti quinasuquirda Adan quen Eva, dinusa ni Apo Dios daguitoy. Quet daytoy a dusa tinaoid daguiti entero nga tao nga pututda. "Itonto ling-et ta rupam ti ti paggapuan ti taraonmo; agnanayonto a sitatrabajoca tapno adda agsirvi quenca." Daytoy met laeng ti sentencia a inqueddeng ni Apo Dios quen Adan gapu idi pannacabasolna; ilac-amco met itoy a saritaen ti sentencia nga impa-ay ni Apo Dios quen Eva gapu iti salungasingna: "Addacanto iti babaen ni asaoam quet adunto ti rigat a sagaben iti panagpasngaymo cadaguiti pututem."

Iti caadamit Sagada, nasansan ti ipapanmit Bontoc babaen ti maysa a permiso tapno incam ilinglingay daguiti ducducutmi iti quina-dacdacami idiay destinomi. Maysa cadaguitoy a caadami Bontoc isut pannacayanac ti maicadua, babai quet nanaganan iti Maria Carmen. Ysu nga natay idiay Sagada idi agdua a bulanna agsipud iti sacquit a naalana iti caaoan a cataccon ti maitaraon ta aoan masosona iti inana. Aoan masapulan a agpasoso uray cuman nangina ti bayadna. No adda pacairanudanna iti alaldao, umdas cadi? Canje laeng ti naipacpacan ta idi a tiempo, aoan pay ti gatas a nilatlata, uray harina late adda la cuma. Uray asucar a napudao la cuma; paspasig a aoan ditoy cabanbantayan. Aoan pay ngad paggatasan uray idiay la cuma Bontoc-cabecera ti caaddanna, bulan ti Julio 1882 ti pannacayanac dedi nga ubbing. Cadaguiti quetquettang ti pampanunut idiay Sagada, nagremurciaac iti quina maestro. Naaprobaran idi Abril 1883 quet iti simmaruno a bulan Mayo immaycam ditoy Cervantes iti saad a quina Teniente Absoluto del Pueblo. Agdagsen iti dedi Dios ti aluadna nga quinacuycuyogco quet naganac iti parbangon ti alas nueve de Agosto 1883, maysa a ubbing babai nanaganan iti Romana. Nairanaac a aoan ta addaac sadi Cayan naguitulud iti buis. Iti agsapa ti aquince dediay a bulan simmangpetac manen sadi Cayan a in naquimisa fiesta ti yooli ni

Apo Santa Maria. Manipud idi a bigat quincenas sitotodo unay iti napigsa. Simmalugac iti dies y seis. Diac nabalin a binal-lasio ti carayan ta napalaus a nagdacquel (Cervantes) quet nagsubliac sadi Cayan. Simmalugac manen iti dies y siete, cascasdi a di mabalin ti bumallasio uray balsaen quen uray langoyen. Ngem siac ta carig a magaogaoatcon ti balaymi quet piduac man ti agsublin ladingitec la unay. Nagcarcararagac quen Apo Dios idiay mismo iguid ti carayan; linabusco ti entero nga luputco, sitatalecac iti dacquel unay a caasi ti Dios quet quinonac a inguiddanco iti itatapugco iti danom a langoyec; "Diosco sipapatiac a dacquel unay ti panagaasim, ispalenac iti nacaamamac a ipapatay, Diosco isalacannac unay ...." Daydi a pannacabal-lasioco iti nacaammoac ti cadacquelna a danom sipapatiac a diac cuma nabaelan no dinac tinolongan ti Dios.

Idi bulan ti Diciembre 1883 nagdaoatac tapno subliac cuma ti agmaestro quet impaay ti Jefe de Provincia quen casta met ti Ynspector Local da isuda Padre Rufino Redondo ti pannacagun-udco ti bayat panagtaengmi ditoy Cervantes. Nasayaat ta naimbag daguiti umili a pada nga Cristianos naggapgapuda sadi baba ti poonda. Nasayaat ti panagbiag ti Cervantes ta cabarbaro nga ili, maymaysa ti naganen apo oenno turayen. Nalamiis ti danum quen banbantay quet tay nasaocon maymaysa pay la idi ti ... tao; quet aoan maisagaba quenana no di laeng ti obligacionna.

Ti poon nacapanunutac, omona: bumaba ti cabecera quet daytoy maymaysa nga apo manmandarento daytoy umay a apo a dacdacquel (pudno caniac isut pudno); quet ti maicadua nga gapo dacdacquel bassit ti ganaren iti quina maestro ngem iti quina teniente absoluto.

Napancam ngarud sadi Mancayan, Diciembre 1883. Canicadua idin piman ti parsua nga incumit cadacam ti namarsua. Cabarbaro manen a lugar; nasayaat ti clima. Adda minas ti cobre quet idiay ngarud Suyoc minas ti balitoc. Vista panoramica, isut maquita no ioaras toy mata manipud iti casa-escuela a

37

taengmi. Sag-oyan ti ganubang, fundicion a dacquel ti garubang, asoc ti panaglutoan, gambang ti adda a maquitquita pay, quen masaysayop ti agong ti angot ti asoc. Sumagmamano a sanglay taga Maca a trabajadores, sus casuchas y familias Igorottas de ellos. Ti agcacasayaat a camote, café, repollos, habichuelas, patatas ti maapit idiay mismo a daga ti Mankayan. Sabali pay daguiti adu cadaguitoy a quita nga uray ilaco daguiti taga Loo quet ti precio nalaca unay unay. Enfin Mankayan delicioso; pintoresco quen dadumapay a imbagna. Marbengan quet umasideg ti itataud ti maicanicadua idi nga parsua ti Dios, nagrubbuat ti familiac agtapus ti Junio 1884 tapno mapan aganac ni inada idiay Tagudin, yan daguiti arayat a masapsapul iti panaganac. Nagsacay iti caballo dedi mapan aganac quet iti salugan idiay managanan Cruz, caauay ti ili a Mankayan nagtaray a agsalug ti nagsacayanan quet, ay! … ta natnag ti masicug quet impasarco a adda desgracia ngem aya unay ti caasi ti Dios ta aoan ania man. Intuludco ida inganat Mabatano a Luig-ay, a idiay adda nga in mangalaoat cadacuada dedi tata. Quet idi 7 de Julio 1884, sarsardam idiay Tagudin isut pannacayanac ti ubbing lalaqui quet nabuniagan idi 12 de Julio iti Juan Gualverto.

Calpasan ti macabulan iti daytoy, simmang-at ti faminliac a quinuyog dedi tata, agraman caniac quen cacabsatco babbalasitang Bernardina quen Canuta. Daguitoy casangsangat diac idi pinalubusanen nga agsubli sadi Tagudin ngem ingaoidco quet idan. Quet idi bulan ti Mayo 1885 babaen ti palubus, pinaalisdac iti destino sadi Cayan tapno sadiay ma-ayaonac ti Casa Gobierno quen casas a addat sirsiroc oenno bodega na isu a napanaoan ti Gobierno di yaalis ti Cabecera ditoy Cervantes.

Ti lugar a Cayan saan a datdatlag caniac casta met dedi cacuyogac a nasugdo (Dios ti agluad quenana) quet ditoy a lugar isu ti nanipudac a nagparnay bassit iti panagbiag. Naggatangac iti ananimal, caballo, vaca quen nuang, carnero, calding quen daguiti pay met sabsabali nga taraquen, baboy, pato, manoc quen calapati. Ta nasayaat man a agpayso ti biag iti destrico daguiti

38

mamaestro directorcillo cadaguiti nga tiempo ta agbucbucudda iti lugar a yanda, quet aoan ti casupsupadida cadaguiti gamatda nga aramiden a pagsayaatan. Naimbag a panagbiag quet adda a di quitdi agcurang ti agsao cadaguiti Cacastila idi nga daguiti can Maestros Directorcillos, idi "Reyes Pequenos" da cano; a no ilocoen daytoy a sao, "ar-ari a baassit". Galad a maitutup no maminsan ta daguiti maulit a Maestro Directorcillo macataraquen da iti agcacabagued a cabayo. Ta daguiti ti semaneros a mangcorreo, mabalin ida nga pagalaen iti sacate, pagururayanda iti sumangpet a correo. Sabali pay daguiti daduma a quita a mabalin a pangibaonan bassit; ta ti ngamin maestro directorcillo acumenna ti quina-Estafetero de Correos sin sueldo. Macaparnuay iti vaca daguiti maulit ulit a Maestro Directorcillo, nuang quen cabayo a panganacan a di quet masapul ti pagtangdan iti pastor. Malacsid no adda agdua a tal-lopulo ti dagupdan ta masapulen ti firme nga paspastoran a sueldoan. Mabalin pay daguiti familiasda ti agnegocio sagbabassit. Sabali la daguitoy quet adda pay cangronaan a nasaysayaat manen a negocio a naruguiac idi 1886 – 1887, isu ti panagmula iti café. Manipud cadaguitoy a taoen diac sinardayan daytoy a trabajo ta ngamin sicaoalo laeng ti panangdan iti maysa nga tao a pagtrabajoen iti agmalem. Aoan bibiang iti canenda quet iti la caycayat a caaduda ta pasaray tal-lo pulo o aglima pulo ti trabajadorco iti agmalem. Casta nga inaldao, pues sinquenta nga sicaoalo dagupenna ti tal-lo a pisos quet sicaoalo iti agmalem. Mano cad met la dagitan no la quet matrabajo daguiti caycayat a paaramid, uray gueddangen ti bantay tapno mulaan iti café? Tinaoen-taoen a agnayon a agnayon ti calaoa ti matrabajo quen umadu met a umadu ti naimula a café. Ydi 1889 magruguicamin a agburos nupay saan unay adu. Yti simmaruo a taoen umadudan met ti maburas que casta a casta a tinaoen ti yaaduna. Daytoy a taoen 1889 isu ti panag Comandante ni Don Clemente Dominguez Cuesta Capitan ti Guardia Civil. Daytoy indagdagna ti panagmula iti adu a café cadaguiti isu amin a rancheria toy Lepanto babaen ti panangayoanna isu a mismo, casta met daguiti maestros directorcillos quet agvisita met daguiti Guardia Civiles iti adelanto daguiti mulmula agraman tartaraquen a baboy quen manoc. Ngem apaman laquitdi ta nagadu ti cafcafé a mulmula napagteng ti sacquit daguiti cafcafé (cafetos) quet dinalinangananen ti adda nga adda tungal taoen. Ti quita dayta a sacquit aplaten iti amarillo ti bucut daguiti bolbolong ti café quet ton cuan agregreg amin a bolongdan, caycayo da lat matdan quet santo sumubli nga agbolong no agtodo. Pasaray nagbalinen ti bunga ti café no sumangpet ti sacquitna quet itinto bunganan mapilpilit a agloom quet ti caaduan a echuradanto sinan naloom. Casta la nga casta a tinaoen quet iti castoy a casasaad saan a nagpagusto ti nasayaat a panagbunga ti café quet nangnangronan a pagdacsan ta dediay maibunga na saan a agbanag a nasayaat. Yti castoy a casasaad daguiti cafetos a cafcafé manegdeg a manegdeg idin quet aggannggo pay daguiti dadduma nga pinoondan malacsid daguiti naipunta iti nasayaat a daga ti nacaimulaanda.

Malaguip iti daytoy ti maysa nga adagio a cunana: "Ti naiduma nga agaoa macabtac bolsa". Daytoy a adagio diac la incascaso ta ania cadi quet mapa oayoanac idi iti caadu ti pagtrabajoec iti inaldao quen calaca ti tandangda. Dimet agcurang ti panangdanco, caasi ti Apo quet dimet agcurang daguiti agcacasayaat a bonobon a pagmulac. Saan a ipapan a bayat ti oras a panangescuelac quen sabali pay a obligaciones quet addaac la idiay pagtrabajoan, pues adda sumaggatlo catao cacabaguiac quen taraquenco ida quet indat agtrabajo nga mangitorong quen agmula.

Sangagasut a ribo (cien mil) ti dagup ti naimula. Mabalin cuma nga saritaen daguiti nacaquitquita taga Cayan quen rancherias a sacupna. Yti daytoy caadu naricnac ti rigat ti manaraon. Mamitlo daras ti panagdalus iti quinacaféan iti macataoen; iccaten daguiti roroot quen buccualen, saan a iti la asideg iti poonda ngem isu pay amin a daga a nagbabaetanda, esto es, masanay a mabuccual amin quet dipay naturpos amin a nadalusan quen nabucualan, dadacquel manen ti root idi nangruguian a nagdalus. Iti daytoy adda pay cuma nacarcaro nga nagrigatan ti aramid no impaay cuma ti tiempo daguiti caimbaganna a panagapit ta uray umanay ti tao a pagtrabajoen quet adda met umanay a pagtangdan cadacuada, narigat la cuma a cascasdi gapu iti cacurang daguiti gamiten a isudat cangronaan a masapul iti panangbeneficiar iti café.

Iti panangsalsaludsudco cadaguiti taga Benguet no mano o casano caadu ti mula a café daguiti mangap-café idiay, Cacastila, quen pada a Filipino, cunada adu unay ti sangapulo a ribo (dies mil) capoon. Ta iti café nga agpayso saan a masapul ti umarioecoec a caadut pinoonna no di quitdi ti adu unay a pannacataripato a agnanayon ti calcalainganat caadu a pinoon ti café. Iti cuma panaaripato iti sangagasut capoon, panaripato la cuma iti diez capoon quet iti cuma bungaen ti sangagasut capoon a di unay mapmapnec pannacataripatona bungaen la cuma ti diez capoon a mapmapnec pannacataripatona. Aoan ti umona nga babaoi no di la maud-udi; daytoy isut napasar caniac. Idi ngarud taoen a 1896 a isasangpet ti revolucion, dedi dacquel a quinacaféan a di quet nagcurang ti nangyofrecer caniac iti nasayaat cuma a precio idi antes a agrevolucion; quet idi madanon ti tiempo ti maga quet agsangapulo a bulan a di nadaldalusanen quet magna ti poor cadaguiti banbantay, nacadanon iti poor idi mismo a quinacaféan quet adios .... ta nadespachar nadaras ta nalaus ti seggued daguiti panpanao quen dadduma pay a roroot nailaoclaoc o naibaetbaet cadaguiti cafétos. Nacail-illala unay! Trabajo iti cain-caduapulo a taoen quet saan a bassit a pirac cuma ti pategna no nalac aman iti nasayaat a pannacalaco.

Idi 1886 aldao a 25 de Setiembre, ditoy Cervantes, isut pannacayanac ti maicatlo a incumit ti Dios cadacami quet nanaganan iti Maria Socorro, iti uneg ti balay a bangonco idi 1885 calpasan ti panangasaoada iti maysa a cabsatco a ni Bernardina.

Idi 21 de Febrero 1889 isut idadateng caniac ti napigsa a gorigor a casta unay rigat isu nga daguiti ricricna diac naiciccatanen ta nalacaac unay a gorgorigoren nupay sagbabassit inganat ita; quet idi 22 entre a las siete o a las otso iti sardam isu met ti pannacayanac (sadi Cayan) ti maicapat a impaayoan ti Apo quet nanaganan iti Margarita Antonia. Nairutap a namarigat idi

41

masacquit, idi, ti dedi manaripato naiguiddan metten a naiican iti dacquel a tubengna a manaraquen iti masacquit ngem pagpiaanna ta adda daguiti agasaoa taga Tagudin naangayoan a manaripato iti panaganac, baquet Quilang quen lacay Baron (Gila quen Bruno) naimbagda a tao, Dios ti agaluadda ta natnataydan.

Entra las dose quen a la una idi 24 ti Octubre 1890 rabii a pumarbangonen isu met ti pannacayanac ti maicalima (idiay Cayan) quet nanaganan iti Crispin. Nairana nga sangaili iti uneg ti balaymi ti asaoa quen annac ti Comandante Politico Militar Señor Dominguez, Doña Juana de Dominguez, quet nasdaao idi mabigatancami ta aoan lat naricricnada a uray danapilip la cuma idi balay iti dedi a rabii.

Idi rabii ti 2 de Junio 1892 isu met ti pannacayanac sadi Cayan ti maicannem quet nanaganan Maria Remedios quet inanac ti buniag ni Comandante Barajas Gobernador Politico Militar de Bontoc.

Idi aldao 22 de Marzo 1894 isu met ti pannacayanac sadi Cayan ti maicapito quet nanaganan iti Maria Amparo, inanac ti buniag ni Señorita Maria Garvin.

Idi 22 de Junio 1896 napancam sadi Vigan, dedi asaoac Rosalia quen annacmi Socorro, Remedios quen Amparo quen siac ta napan nag-examen iti quina maestra de escuela dediay ina quen impaay ni Apo a nacaruar iti examen. Quet idiay Cayan nayanac ti maicaoalo idi 4 de Octubre 1886, quet lima nga aldaona laeng natay iti sacquit a alferecia. Nanaganan iti Mariano.

Iti aldao a 23 Setiembre de 1897, nayanac idiay Cayan ti maicasiam quet nanaganan iti Constancio, quet idi met principio daydi a taoen, panangrugui nga agrefortar iti quina maestra dedi ina.

Idi arinonos ti Agosto 1898 nacadanon sadi Cayan ti garaogarao ti revolucion Filipina. Ti familiac agraman cacabsatco quen annacda (familias ti Sinforoso Bondad quen Lino Cardenas) napanda nagpacni idiay rancheria a Lubon sacup ti Cayan. Garaogarao ti revolucion dedi nga no saritaen amin ti quitana narigat a maputput. Quet idi nalpasen ti capitulacion idiay Bontoc nangin-inot cam metten (bulan ti Setiembre 1898) siac quen familiac a simmalug ditoy Cervantes.

Ti naisao a garaogarao ti revolucion a napasar ditoy dagatayo Filipinas isu nga nairugui idi taoen a 1896 sa naisardeng calpasan ti naaramid a pacto idiay Biac-na-Bato entre el Gobierno Español ditoy Filipinas quen daguiti nangipangolo nga Filipinas iti sinao a revolucion. Quet sa manen naituloy iti 1898 isu nga dinat nagpugsaten inganat ti di napaluguia ti sinao a Govierno de Español de Filipinas. Sa manen naituloy maipoon iti panagsupadi daguiti Americanos quen Filipinos a nangrugui idi 4 de Febrero 1889 quet iti daytoy adadu ti nararit a biag inganat iti di naaramid ti cuna AMNISTI. No napanunot daguidi nga garaogarao ti revolucion agsidduquer nga agragsac ti naquem. Agsidduquer no malaguip daguiti cosocozo ta piman adu unay daguiti agduma nga sinanam-ay idi quet capilitan a pinanaoanda daguiti nabaqued a balbalayda, sanicuada quen nadumaduma nga imbag. Aoan naicuyogda no saan laeng a daguiti luputda a sicacaoes iti bagbaguida quet no adda alalajasda nga nabungon iti bassit a balcot quet adda nga bitbitbitenda, agaoanto met daytoy adda cadadacquesna a pada nga tao nga macasabat. Quet daguiti met balbalayda quen bodegasda nga pacaipenpenan daguiti cucuada a pinanaoanda, tinulisanda met iti saan la nga rabii no di quitdi aldao. Quet calpasan ti caycayatda cadaguidiay a balbalay poorandanto pay. Panunuten ita no casano ti casasaad daguidiay nagtartaray a naguicat iti naimbag a biag idi no adda canenda idiay inda nagcamanganan, no adda pagsucatanda oenno ulesda la cuma quen no adda met la nagcamangda nga uray calapao la cuma. Sadi Catalogan ti nacaararamidan daguitoy, cas damdamag a insangpet daguiti nacaquita quen saritaen met daguiti periodicos. Casta met laeng ti napasar ditoy Lepanto-Cervantes nupay saan unay unay napalalo ta aoan quet ti napooran a balbalay.

Pues calpasan ti sangapulo quen uppat a taoen, naudi a panagdestinoc sadi Cayan, pinmanaoac ditoy ta inmayac Cervantes ta isu ili ti Cristianos. Ayan ti balayco quen bassit a dagac; quet pinanaoac iti casta unay a nagbanbanogac sadi Cayan, un capital grande. Nagpanaoac ti maysa a lugar a cas quencuana a nacautangac iti ayat, ta sinangailinac a sipipia iti naoad oad a taoen, narnarnoayan iti bunga.

"Agragsac ti naquem" (quinonac iti bangir daytoy a binolong, maipoon idi revolucion) ta naioarsac a nagursot dedi caoan a sipapatapat cadatay a Filipinos; daytoy a sao isu met laeng ti panangituray idi cadatay a Filipinos daguiti Cacastila; panangituray a naidumat cairot ta nacurang unay cadatayo ti pudno a calintegan. Aoan ti macapagsaot calinteganna iti sango ti Castila; aoan ti macapagsursurat, aoan ti macapag-ommong iti meeting a cuma. Cufin saan a maputput a saritaen amin daguiti iparitda cadatao quet dediay cayatda, uray saanmo a cayat isut surutem no saanmo a cayat ti maidestino oenno mapaltogan.

MAICASIAM NGA PASET

Maicalcalima nga Ussuat - Cabaroan a Panagacar

Nupay narigat unay ti panagacar manen iti sabali a lugar calpasan ti pannacairuam a naimbagan bayat ti catorse años a panagtaeng idiay lugar a panaoan; panag parnuay iti bassit a imbag a imparador ti Dios, capilitan a naaramid ti sinao a panagacar oenno panagalis mi manen ditoy Cervantes idi bulan ti Setiembre de 1898. Calpasan daguiti rigat quen trabajoc nga nagpalabas cadaguiti mapan sadi Bontoc a fuerzas militares quen voluntaris, agraman pay particulares Españoles quen Filipinos ta mapanda agdefensa sadiay; cadaguidiay nairaman met daguiti adu a familias Españoles quen Filipinos a naed ditoy Lepanto, casta met daguiti taga Benguet quen taga Tiagan ta inda met maquipagcamang idiay sinao a Bontoc.

Adda met simmaruno cadacuada aguppat a gasot a nasuroc a Catipunan a cumamat cadacuada inganat sadi Bontoc a nacairamidan ti capitulacion oenno pannacapalucma ti Gobierno quen fuerza Española iti fuerza revolucionaria.

Calpasan daytoy nacurang manen a maysa nga semana ti panagaoatco a panagpalabas cadaguiti amin aminen a nagpa Bontoc idi, sa manen simmaruno daguiti masarsarutsut a agencuyogcuyog a nagsin-sinan Catipunan. Siigemda cadaguiti taltali, pangor quen badang quet nalalaingda pay a mangulao iti olo oenno mangmolestia iti panagdaoatan iti lamutenda quen tao a nangawit cadaguiti dadduma cadacuada ta nabannogda conon. Quet iti napaypayso a galad daguitoy, nupay saan a nadlaoan

45

a nabigbig a dacques, "CATIPONGOS", quet iti sapasapulenda, ananimal a vaca, nuang quen cabayo, saanda met a labasan cuma ti panaggarao iti pirac no cuma adda masaracanda.

Cadaguitoy a cusocuso ti panagbiag idi nangnangrona no patpatticay da tao iti lugar a pagtaengan, cas cadacami sadi Cayan idi ta adayo met ti balaymi iti balbalay daguiti firme nga umili, aoanen ti natalna nga panunut. Nadadael dedi talnac idiay naudi a destinoc bayat catorse años. Naimbag quitdi ta ti immona nga anacco a lalaqui agtaoen idin iti catorse, natoltolongannac cadaguiti macarigatac a panagsangaili. Nagpa Bontoc quen naggaput ditoy, agpa Cervantes. Isu ni Juan, cacaduami daguiti sumagmamano a taga Cayan a macaammo bassiten iti panagsangaili.

Diac malaguipen no dedi naudi unay a panaggapuc sadi Cayan a inmay ditoy Cervantes, intaliaoco ti rupac iti licudac tapno masubliac a quitaen ti lugar a naggapuac, nangrona ti balay a naguiananmi iti nabayag quen dedi nacalaolaoa a quinacaféan a naicalian ti saan a battit-utic a cuarta laeng. Namnama iti panagbiag it masacbayan a aldao mientras adda datao ditoy lubong; quet dedi nga impression caniac idi naudi nga isasalugco ditoy Cervantes de la naic-iccatan, isu nga inganat ita diac pay nasublian a nabaddec quen naquita ti Cayan (1898 idi quet itan 1913). Nupay no adda namitlon a daras manipud idi nga inyaois daguiti cacabsatco (isuda daguiti agasaoa Lino Cardenas quen Canuta Gaerlan) a naipalsucat idiay a lugar tapno innac ida ilioen, pangapuac a cumita idi lugar a nagyanac iti nabayag a taoen. Yti daytoy diac met incari nga diacto masublian a quitaen dediay a lugar no ipalubus ti Dios. Ta ania ngata ngamin ti umapay caniac no masubliac a quitaen dedi a lugar?

Lugar a nagyanac a sitaltalna; nagparnuayac iti bassit a parabur; nagservi nga imengco. Nagay-ayatan daguiti maladaga nga annacco a napataud sadiay, isut rimmuaranda, isut immona nga nacalang-abanda iti angin, immona naga nacalamutanda iti danom; immona nga simpangpetan ti naquemda; immona

46

nga nangbalbalicsanda iti nagan ni Apo Dios; immona nga nangammoanda nga agtungpal quen imannugut ti ama quen inada quen dadduma pay nga rebbengen a ammoen daguiti parsua ni Apo Dios a impadana ti echurada iti ladaoanna. Mairaman met itoy daguiti nayanac Cervantes quen Tagudin ta padapadada nga nagmata daga sadi Cayan inganat quen Constancio ta isu maladaga a naipanao diay Cayan quet nayeg ditoy Cervantes. (Yti daytoy maisarunonto iti lugar a carbengenda daguiti nayanac Cervantes itoy caudian a panagacar.)

Cabaroan a pannacaornos ti panagbiag oenno pannacaornos ti uneg ti balay manen ditoy Cervantes. Binalbalioanmi dedi sigud a balay nangrugui iti 7 de Abril de 1899 quet natuloy quen binalayanmin idi Agosto idi met la a taoen. Napatarimaan quen napatrabajo a nalalaing daguit bassit a dagdagami a sigud. Naisalug ditoy Cervantes daguiti ananimalmi, cabayo, nuang quen vaca. Ynalac a inaramat ti nalalaing a pannacaimaton daguitoy bassit a bicues, nalalaing a pannaripato ngem idi siaaddaac iti destino quet naquitac a diacto unay marigatan iti panagbiag ditoy cabarbaro a pagbiaganmi manen, babaen ti dacquel a caasi ni Apo Dios.

Ydi 12 de Junio 1899 simmangpet Cervantes daguiti sangagasut quet sangapulo quen tallo (113) nga frailes prisioneros (papadi a Cacastila, Agustinos, Recoletos, Dominicanos quen Fransiscan), isuda nga nagtaeng a como prisioneros ditoy Cervantes inganat iti bulan ti Noviembre – Diciembre sinao a taoen. Naibiangac a mangted iti taraon daguitoy, calpasan ti mano nga aldao a panaraon a di nabaybayadan daguiti umili, quet caduac a namacpacan cadaguiti biangmi a pacanen daguiti Cacastila Bona quen Garvin (Fransisco ti naganda). Ta daguiti dadduma pinacan met ida ti sabali a Castila a ni Joaquin Verdaquer. Quet daytoy a pannaraon binayadan ti corporacion a taeng daguidiay a papadi, ti bayad ti naipacanco agraman guinongonac a nagtrabajo maysa nga bassit, sangaribo quet duapulo a pisos laeng (P 1020.00).

Idi taoen a 1900 dimteng ditoy Cervantes ti napigsa nga episodia oenno angal ti animal quet immona a sinercanna ti corral daguiti vacac quen nuangco quet nalaus man a caaoan gasatco idi ta aoan tinidda ni angal uray maymaysa la cuma nga vaca oenno nuang. Dayta quet ti rigat iti panaguicali cadaguitoy. Sumagmamano a taoen ti nalabes iti dedi naisublat manen daguiti caballoc a naangangol nupay saan a nagolgolpe no di quitdi nainot-inot.

Idi 4 de Noviembre de 1899 nairana nga aoanac ta napanac idiay San Fernando Union nangala iti agservi cadaguiti pacpacanenmi, nayanac ti maysa nga ubbing quet nanaganan iti Carlos Borromeo. Yti pannacabuniag daytoy, uppat a sargentos quen cabos (Cacastila a prisioneros) ti immoli iti campañario ta inda niripicar ti campaña quet casta nga ayatda a napainum bassit quet naiccan iti bassit a cuarta. Quet immarayat met ditoy balay ti dadduma cadaguiti papadi a pinacpacanmi. Dedi Señor Antonio Rebollo taga Bañan, isut nanganac.

Cadaguidi nga aldao napecpec toy Cervantes cadaguiti prisioneros militares Españolas nga naigapuda sadi baba quet maisutda a maipan Bontoc. Ag-oalo gasut ti caaduda agraman daguiti papadi. Daytoy a pannacaisut maipoon iti pannacadennes ti fuerza revolucionaria iti fuerza Americana a cumamat quen General Emilio Aguinaldo. Daytoy, apaman la ta macasangpet idiay Angaqui agraman cumitivana quen fuerzas iti mandarna o bilinenna, nag-order ditoy Cervantes tapno daguiti prisioneros aggonayda amin a mapan idiay Bontoc. Ysu a natungpal ti panagluasda ngem daguiti prisioneros, saanda nga nagna idiay Bagnen-Camino para Bontoc, ngem nagturongda quitdi iti Sabangan-Camino para Bontoc met ngem saan a nataros ta iti gapuna a casta pinanguep daguidi maulit a prisioneros, agraman Frailes, an-andungayen oenno ibirbiroc ti saanda nga idadanon idiay Bontoc. Nagtolocda iti, ta ammoda nga ili. Licudan ni General Aguinaldo adda nga cumamcamat quencuana daguiti fuerza Americanos quet iti casta gaput iti ayatnanto a macalisi iti napardas, aleganant i tumaray quet saananto a maicascason daguidi prisioneros. Quet agpayso a dedi a namamanutan daguitoy natungpal, quet iti casta idiayen Sabangan ti nacasinasinaanda nga nagpa Cervantes, sadanto intuloy ti nagsalug a nagpa Ilocos o Manila.

Dedi isasangpet ditoy Cervantes ni General Aguinaldo cacuyogna ti asaoana, cabsatna a balasang, General Concepcion, Coronel Sityar quen asaoana, General Gregorio del Pilar, Doctor Barcelona, Doctor Villa, sumagmamano nga oficiales a comandantes, capitanes, tenientes quen bassit a bilang ti soldados a agpilaypilay iti bannogdan. Adda dua pay a mestizas, Señoritas Leyva, cacabsat ida ti Comandante Leyva caduada nga agtaraytaray quet naaoan cano idiay sacup ti Pangasinan. Yti sumarruno nga bigat nagsubli idiay Angaqui ni General Gregorio del Pilar agraman agsangapulo oenno nasuroc cadaguti mismo nga soldadoda ta inda agpaliio quet idi mapasangpetda idiay Angaqui naamoana nga addan agsangpet a Americanos idiay umasideg ti Ling-ey. Isu inrubbuatna ti agcincapat a pulo a soldados ingaput ditoy Cervantes quen daguiti met destacamentos idiay Angaqui quet napanda simmublat nagdirechada daguitoy idiay baba ti Tirad a ngatoan ti rancheria a Lingey quet inmayda daguiti aguppat a gasut a fuerza Americano. Amangan a naglabes quinatured dedi a General Filipino ta inna isango ti ag – uppat nga pulo (40) soldadosna a agpilaypilay iti panagtartarayda manipud Bayambang Pangasinan, iti ag – uppat nga gasut (400) a fuerza Americana, quet iti panagpipinnaltoogda, Americanos quen Filipinos napuntaan ti muging ni General del Pilar quet nagolpe a natay.

Iti camalman dedi panagcacabilda idiay baba ti Tirad, nacatayan dediay General, simmangpet daguidi soldados a quinaduana quet impadamagda ti casdi quen General Aguinaldo isu nga dedi met la a malem nagrubbuat agpa Bontoc a las otso iti rabii ti luasna agraman cacuyuganna. Yti sumaruno a aldao parbangon isu met ti luas ni General Concepcion quet nagturong agraman oficiales a cacaduana idiay rancheria nga Lubon sacup ti Cayan. Quet idi macasangpet ti omona a columna ti fuerza Americana idiay cayan, nagsurat ni General Concepcion iti turayen dedi a columna nga quinonana cano: "No la quet icari daguidiay Americanos (Fuerza nga simangpet Cayan) ti dida an-anoen a pulus ida no pumarangda, panguepda ti pumarangaen." Nagsubalit met dedi a turayen ti, "Oen, didanto ma-anano nga pulos". Naaramid ngarud a casta quet casta unay nagsayaat ti demonstracion a imparang dedi a fuerza quen General Concepcion, agraman met cacaduana ta inaoatda a cas iti carerebengna, oenno inaoatda a cas General Americano (pacaipadaanna). Quet calpasan ti pagsasangoda a nangan pinalubusandan daguidiay. (Attidug daguitoy a sarsarita no tuluyen quet isardeng ta saan a isuda unay ti masapul itoy ababa a palpalaoag nupay intungal masaguid daguiti ananayna.)

Idi 8 de Setiembre de 1901 nayanac manen ti maysa nga ubbing lalaqui quet nabuniagan iti Mariano. Gobernador Militar idi ti Jefe ti provincia de Lepanto-Bontoc. Quet idi 1902 isut pannacabangon ti Gobierno Civil ditoy sinao a provincial. Mr. Thomas T. Mair ti immona a Gobernador, Secretario - Tesorero Provincial.

Ingeniero Supervisor Mr. Mauricio Goodman, pasig a nalaing daguitoy a nanglucat iti baro a Gobierno. Naaramid ti eleccion municipal quet rimmuar a presidente ni Señor Sinforoso Bondad. Ysu met ti panagruguic a Secretario-Tesorero Municipal.

Idi 25 de Agosto de 1903 nayanac manen ti maysa nga ubbing lalaqui quet nanaganan iti Victor. Quet idi Mayo de 1904 isu ti ipapan ni Romana sadi Manila, naicuyog cadaguiti agasaoa gobernador ti Lepanto - Bontoc, Mr. W.A. Dinwiddie quen Mrs. Dinwiddie, sucat ni Mr. Mair. Idiay America a maysa cadaguiti pencionada ti papanan cuma idi ni Romana, casta ti proposision ti Jefe de Provincia ditoy cas panagdaoat idiay Manila iti Centro. Ngem quinonac met, maysa a babai laeng. Ania la unay ti pacasapulanna nga mapan America, naaddayo cadatao bayat ti uppat a taoen? Pues idiay la Manilan ti paguingaanna. Daytoy isut naaramid. Ni Ramona naiserrec iti Colegio de Ninas de Vigan idi Marzo de

1898, ngem naipilpilit ti iruruarda a alumnas gapu iti isasangpet ti revolucion.

Ni met adina nga Juan napan sadi Manila idi Noviembre 1900, ta manipud idi pannacaangol amin daguiti vaca quen nuangmi coconana: "Ynnac quitdin sadi Manila. Aniat aramidec ditoy Cervantes quet aoan daguidi ac-acaycon a vaca quen nuang, metten?" Napan quet naicuyog idi naimbag a Don Jose Mills. Casta met a naicuyog ni Buenaventura a casinsin ni Juan. Daytoy simmangpet ditoy Lepanto-Bontoc a di quet nacatotor ta imbaondan manipud Manila ta agdaodaoatda ditoy idi iti ag – empleados iti Lepanto-Bontoc. Junio de 1903 ti isasangpetna. Nanrugui a empleado iti Gobierno con Residencia en Bontoc como Interprete daguiti gobierno.

Idi 7 de Julio de 1905 nayanac manen ti maysa a ubbing lalaqui quen nanaganan iti Isayas Fermin.

Idi Junio de 1907 nayanac manen ti maysa nga ubbing lalaqui nanaganan iti Santiago. Saana a nadanon ti nacabulan nagsacquit quet natay. Ynanac iti buniag ni Superitendente ti escuela, Mr. Fravis.

Quet idi 11 ti Junio 1908 adda nga mapasangpet ti maudi unay a paoit ti mannacabalin a Dios idi casungdoc unay a cacuycuyog, Rosalia nga asaoac (ni Apo Dios ti managinana quencuana) ….

Naccaasi a panagbiag ditoy daga a pagluluaan!….Amangan ti supapac ti canioas a naggapuanan da Adan quen Eva idi pannacabasolda quen Apo Dios….! Amangan a nagcaro a sabidong ti nanam dedi bunga ti cayo a pinuros ni nacacaasi nga Eva a gapu iti panulisog dedi uleg a isu met laeng ni Satanas, pinorosna, quinnanna quet sana met pinacan ni Adan!

Daytoy met laeng ti aramid isu ti nangisangpet, isut nangidateng quen dacsan gasat a patay cadaguidiay nacaaramid quet cadaguiti pay met amin a tao a pututda. Ysut nangidateng cadaguiti isu amin a quita nga paguel, tooc, sacquit, sangsangit quen dadduma pay a quita a panap-lit ti mannacabalin a Dios cadaguiti nasaon, annac da nacacaasi nga Adan quen Eva. Nacacaasi quinonac cadacuada? Saandan a isu ti nacaasi ta aoandan ditoy yantayo. Addadan iti nangidestinoan cadacuada ti Apo a mannacabalin quet datayo nga annacda ti pudno nga naccasi ta addatay a sidadama ditoy yan a pagluluaan, madama nga aglac-am iti pait dedi a pannacabasolda. Datay ti nagtaoid iti dedi a babae nagapuananda quet aoan panuspusantayo no ditay itured a sianus ti adat ti nanam dedi a bunga ti cayo quen sicacararagtayto laeng a agnanayon quen dacdacquel unay pannacabalinna, asina, ayatna a Apotayo a Dios tapno tolonganatayo. Pabilguennatayo cadaguiti isu amin a pacarigatantayo quet itonda natayo a bitibiten a itungpal iti yuyang ti pannacabalinna a isu ti Gloria nga agnanayon.

Nacaipoonan daguitoy a sarita, sarita a mabalin a naganen iti discurso - ti pannacalaguip iti maysa nga caayan-ayat, pisi ti bagui, nga asaoa isut nalinteg a pangnaganan. Quinatolongtolong cadaguiti rigat, narigrigatan unay iti panagtaraquen, a no ipoon: - panagsicug, panagpasngay, panangaluad iti maladaga, panagpuyat, panagpasoso quen amin a cancanayon iti panagtaracnen quen panangayoanan iti annacna, nga isu ti annongna isu ti trabajona iti bayat duapulo quet oalo a taoen a caadana iti estado a naasaoaan. Sisasalun-at quen sibibilog iti pigsa nupay di nagtal-lay quecuana tungal mapalabas ti sagdudua a taoen cumurang no dadduma naddaan manen iti dediay met laeng a trabajo, trabajo nga nailasatna iti naming-adu quet isu met laeng ti trabajo nga quinacuycuyogna nga immal-latio idiay sabali a biag.

Ta calpasan panangipasngayna iti isu a caudianen, horas ti ala una iti parbangon iti maysa nga ubbing, lalaqui a nanaganan iti Rocelino (natay met datoy idi agtal-lo a bulannan iti ataque ti sacquit a alferecia), nangrugui ti rigat dedi caan-anac; rigat a di nagpatenga inganat alas cuatro ti parbangon a nangyaoatanna quen Apo Dios iti cararuana. Ni medico Señor Victorino Crisologo, adda nga immarayat ninagananna dedi nga ataque iti "Hemorragia Interior." Nagpauneg cano ti dara en lugar a rumrummuar. Naguppat a pulo quet tal-lo piman ti nadanonna a taoen met laeng ditoy a biag sa dimmanon quencuana ti utang a ipapatay ....Dios ti mang Gloria quencuana.

Iti ipupusay daytoy a ina aoanda a nacaquita daguiti tallo nga annacna, ta ni Juan addat sadi Bontoc ngem iti cumalman dedi met la nga aldao nacasangpet ta naayaban. Quet daguiti dua nga isuda Ramona quen Carlos addadat sadi Manila quet suratco laengen ti nacammoanda. Quet iti bigat ti alas doce isu ti pannacaaramid ti punpon dedi natay.

MAICAPULO NGA PASET

Panpanunutco
Idi Calcalpas ti Patayna

D U N G D U N G - A O

Diosco a naidaclan asi!
Mannacabalinca unay caasiannac!
Tulungannac a mangitured itoy!
Dinac baybayan a sicacapuy,
Ta siasino ti macasalungasing,
Iti nadiosan a naquem

Sica ti nangted itoy biagmi
Sica ti mangiccat no pagayatam
Ngem itedmo cadacam ti badangmo
Tapno dicam masairo caano man
Iti cas mi la isusuquir quenca
Iti nadiosan a pagayatam.

Intedmo caniac ni asaoac
Tapno innac cabadangbadang
Iniccam iti bungana marmarnoayan
Masapul daguitoy ti taraon a nainaan
Saca quet impusay cadacuada
Agan anoac itan a maymaysa?

Ngem siasinot nagdaoat quenca,
Nga saanmo nga inpangpangag?
Castanto met cuma Diosco ti caurayac
Dayta tolongmo itdem caniac
Itdem cadaguitoy ululila, caasida
Ta parsuam quet annacmo ida

54

NALPAS A NASUCTAN TI CAOESNA

Nacasucatcan caduac, Ninay?
Mabalintan a rummuar a agpasiaren
Sadin pagayatam a pagturunganta?
Ngem ania daytoy maquitac a echuram?
Dica met la bumangonen quen agsaon?
Pandilingmo a nangisit ti pinagvistida?

Bumangoncan ala agunica,
Asaoac dinac pagsiddaaoan o pagpagladingitan
Laglaguipem ti cabayag ti tiempom
A intuding ti Dios a panagcuycuyogta
Caano ti panaglucsaomo caniac
Incastaac met quenca?

Rosalia nga no aoaganca, Ninay,
Panangaoagco quenca naalumanay
Bumangonca darasem ta inta pumasiar
Tapno quetquettangmo maioarayoay
Nacaturog dayta taguibim umaycan
Ta camcamatentat lamiis daytoy a bigat.

Ngem no aoan panunutmo a pumasiar
Siaannugutac ta ammoc a adda papanam
Cadaguiti cacastoy a horas masansan
Inca ngad pumasiar idiay Simbaan
Ta inca idaton ti panaguiaman
Iti Dios ta intay manen nabigatan.

Ngem apay a saanca nga aguni
Aniat napagtengmo Asaoac? Rosalia!...
O Apoc a Dios ! caasiam, tulungam, ispalmo

NAILLUGANEN ITI LONGGONNA

Ania quitana nga lugan toy nagluganam
Ninay sumungbatca ipalaoagmo man
Saan man met a isu daytoyen ti amacam
A nabayag a taoen naglugluganam
No aggaputayo quen mapan
Cadaguiti luglugar a nagdestinoan

Nilaga a pasig a oay di amacam
Saan a nadagsen, nalag-an unay
Ti baccocona a linong caoayan
Naguisla iti nalapat tapno nalag-an
Suput a nalami quenca purao
Isut mayabbong idi a mayarpao.

Ita toy quet maquitac a naglugluganamon
Cayo tabla naaramid a cajon
No bagtimec nadagsen diac omannong
Nasuputan nabongon iti nangisit
Sinan bangabanga ti naiburic
Quet ti nangarabna nalistonan iti babassit.

Amangan ita it guiaddiatna
Ta no siluluganca idi iti Amaca
Adda la caluganmo ubbing maladaga
Carcarinoem agagcam quen sapsapuam
Tapno iti pasigna inna sardengan
Quet banbannogmot mainanaam

Ita quitdin sabali ti maquita quenca
Dica met agcutin, agunin, nacataltalnaca
O Diosco aclonem ti cararua ni Rosalia!

ITI ARPAD QUEN BAYABAY TI LONGON

Addaguita situtugaoda ita sibaymo
Daguita annacmo naguibusam iti dongngo
Casaritam ala, casaom ida, agsaludsudca
Ipaquitam daydi sigud a cariñom cadacuada
Tapno daguiti nasaem unay a dongdongaoda
Agsardengcadin quet baguic toy raorao-aguenda.

Adtoyen simmangpeten ni anacmo a Juan
Naggaput idiay destinona itay la umaldao
Bumangonca ala, casaom casaritam
Ti caradcadna tarigagayam a maammoan
Adtoy agsangsangit itoy sacaanam
Dina niricnat bannog iti ayatna a cumamacam.

Ania ngata ti nagparicna cadacuada
Cadaguitay annacmo adayo ti yanda
Ay Romana quen Carlos! Diyo man maquita,
Toy inayo naiduma ayayatna, rigrigatna,
Ti panagpataraonna cadacay a binunga
Ta ita pimanen ni sumina.

No siiddacca idi iti catrem
No adda maricnam a sagureng
Adda la asogam, adda la saoen, imtudem,
No tay taguibi inda tinaraonanaen
Casta met no daguitay dumaddadacquel
Taraondat nalpas a naiteden.

Ngem ita dica met la quet agunin
Rosalia nga asaoac dinac man sungbatanen
O Diosco itdem cadacam ti asim!

TI PANNACAYOLOG TI BANGCAY

Cortejo Oenno Accompañamiento iti Ponpon!

Nacarubbuatayon, Ninay, Querida
Sadin mapatuloy a papanantayo?
Agsublitayon cadguidiay luglugar
A naguiananta, nagui-yanantayo?
Idiay Cayan, oenno idiay Sagada,
Oenno idiay Bontoc quedengam cadin.

Saoem cadin Rosalia asaoac
Ti agtuluy a papanan tapno maammoac;
Ngem anian sa dayta maimmutangac
Cortejo o accompañamiento nga agtorongda
Ditoy balay isut immayanda,
Siria man quen Cruz isudat immona.

Umayda ca met alacuen a rabsuten,
Ditoy uneg ti balaytayo namayengmeng
Ipanao dacan sa man metten
A ti caaddam, ti badangmo maaoanan
Cadacam a quinadcaduam inca olilaen
Asicamto pay ngaruden a sinaem

Castoy man la idi nga agcucuyogtayo
No intay sumubli iti destino tayo
Ngem saan quet a castoy ti carnay caadu
Daguiti tattao a cumuyog cadatayo
Ta ania aya ngamin pacasapulentayo
Macaanaytayo nga ag-ama igui-ina
Nga agsubli idiay destino tayo cuma

Mabatugantay toy balay da Pinang
A cabsatta, paguniam, agpacadacan
Ta addanto man ngata cabaybayagnan

58

A umaytay mangili sumarrungcar
Ta adu ti trabajotay idiay Cayan
Ta ania cadi isut intay pagsublian.

Addaytoy met, intay met mabatugan
Toy balay ti cangrunaan a gayiemco,
Quen cacabsatta Tinong quen Pinang,
No cuma no addada inta cuma met ipacadan
Ti panagsublitay manen sadi Cayan
Cas nagsigsigud a intay cadaoyan.

Ngem ania daytoy .... Aguray! ......
Apaya nga ilicco nga ipabagatan
Ti torongtayo, a nga ditay met agpa Cayan?
Insao aya ngamin cadacayo
Ni Ninay itay umulogtayo
Nga sadi Mancayan ti turongentayo?

Ala no casta ti pagayatanna
Anannongac ta no caniac padana,
Mancayan no isut gustona
Pagsublianmi a pagdestinoan
Ta idi 1885 incam pinanaoan
Ta sadi cayan ti incam immalisan

Ngem ay ...Ania daytoy!
Santo a Simbaan met ti torongentayon
Am-ammangaoacon san daguitoy
Natay la a di maibabaoi ni asaoacon
Rosalia, Ninay, asaoac, asiacpayen ....

Dayta quilan-quilang daguiti campana
Diac la icascaso nanipud itay ruguiana
Ngem apaya unayen pudno la ngata
Ti anuncio ipacdaarna; patit ti natay
Sann a capadpada ti reficar, no daguiti

59

Annacmi a babassit mabuniaganda.

Pudno ngata oenno tagtaguinepco
Conconaec laeng itay maquitac ti cortejo
Casta daguiti cantores ti mangmangegco
Oremus ti Padi a sicacapa maisaruno
Natay la nga agpayso ni casaransanayco
Ti rigat, o asaoac a cadongodongo!

Addatayon ditoy uneg ti Simbaan
Balay ti Dios a catanocan, isut pagdatonan,
Naicari nga pagrucbaban quen pagcarcaragan
Ita nabangon a tumba ininanayadenyo man
A idisso dayta nacaasi a bangcay
Ni asaoac Rosalia in pimusay

Cadaguiti cantores innacman bumadang
Cadaguiti cancantada pagdaydayao
Iti Dios Apo a catanocan
Pangicacaasi pangidaton iti natay
Tapno cararuannat mairagpat
Iti Gloria ti Dios inguet dayag

Ipalubusyo man ta cumantaac
Iti pagsoloac itoy agdama nga ceremonias
Ta no idi sibibiag pay toy asaoac
Iti arpadna idi, agcancantat cadaoyan
Ipalubusyo coman ita innac ipapas.

PANNACAITULUDNA IDIAY CAMPOSANTO

Naggaputay met idiay Simbaan
Rosalia, asaoac, ditay met aya sumangpeten
Idiay balaytayo ta intay taripatoen
Ti panagbiagtayo a rumbeng
Ta itan umaldao a umaldaoen
Quet daguiti annacta inda mabisinan.

Ala cadi a Ninay agsublitay pay
Idiay balaytayo intay inulugan
Dina cam cadi a panpanaoan
Ta cacaasicamto la unay unay
No aoanca managuibalay
Ammon adda servicioc diac pacanaedan

Ngem aya unayen di la maibabaoin
Ti pang ngeddeng ti Dios quet intay tungpalen
O asaoac panaoannacami laengen
Asicam pay la ngarud a olilaen
Daguidiay annacmo asida pay unayen

Amangan aya ti pannacaiguiddiatna
Daytoy ita caudian a pangcuyogta
No iparis cadaguiti panagcuycuyogta
Nga mapan iti distinota, ta masansan
Nga agsublita a dua iti naggapuanta

Ngem itan quet saanen, naiquiddiaten
Ta incanto met mabatin iti uneg ti tanem,
Ninay asaoac asiacpayen a maymaysa
A mangadcadua cadacuada a naolila
Asaoac ... Rosalia ... Ninay ... dumngegca.

No agcuyogta idi a mapan
Iti lugar destinota a pagtaengan

Siluluganca iti amacam
Sumarsarunoac met iti sibay
Agsarsaritata naalumanay

Casta la toy echura ta ita, umas-asping
Siluluganca ita amacam
Quet siac sumarsarunoac itoy licudam
Amaca a naisansangayan
Panagcuyogata a camaudianan.

Ragsac idi ti icuycuyogco iti dalanta
Ngem itan pait, sasaibbec, isut adda
Ta saanen a daguidi a aldao, ta ita
Dinac met sungbatanen cadaguitoy sarita
Ta bangcaymo met daytoyen ... INA

Mangegmo daguitoy annacmo
Iti sangsangitda nga adu?
Addada a sisasaibbec itoy arpadmo
Sungbatam ida, ala, ta cacaasida,
Asida payen ta panaoam ida.

No malaguip ita, daguiti dinalanta
Inganat Tagudin manipud Manila
1880 ti taoen, rugruguiana
Damdamon piman a naquita
Ti Cailocoan, Zambales quen Union

Idiay Simbaan sadi Tagudin
26 de Julio 1880 ti bilangen
Ni Apo Dios inna pinagcaysa met
Ti dua nga puso a nadariquet.

No malaguipco ita idiay Tirad a dalan.
Nagnaantayo a immay Cayan
Sa manen Sagada manipud Cayan,

62

Manipud Sagada ingat Bontoc a Cabecera
Nagnagnaanta, nagcuycuyuganta.

Naumata piman idiay Sagada
Ditoy Cervantes immalisanta
Isut idadateng lintuad ni Romana
1883 ti taoen 9 de Agosto ti aldaona.

Ymmalista manen sadi Mancayan
Quet idi 1885 sadi manen Cayan
Calzada ti Cervantes quen Cayan
Isut intay nabayag nagnagnaan
Cadaguiti annacmo ta immadudan.

Bulan ti Setiembre de 1898
Ti caudian a yaalistayo ditoy Cervantes
Pamanaoam ita cadacam a pilit
Ta di masarquedan ti iqueddeng ti langit.

O Rosalia asaoac, nasaritac aminen quenca
Ti an-anay dedi biagta a dua,
Nupay dinac sungbatanen, ina,
Naganac ita nga "Amargura"
Daguiti luglugar nagnagnaanta
Ta aoanca metten a innac cadcadua.

Aleng aleng itan toy panagbiagco
Amin a ragsac quen guinaoa caniac nagpaitdanto
Ta aoanen metten a capisi ti biagco
Diacto rumagsacquen inganat iti, ti Dios a Apo
Ipalubusnat maysa a graciat, panagsaractanto

ITI UNEG TI CAMPOSANTO

Consagrado a lugar pacatiptiponan
Pacaidolinan daguiti bancay
Daguiti parsua ti Dios a inna ayaban
Addaytoy a quinuyogmi incam idusar
Ti bancay ni Rosalia, patguec unay

Iti bilin quenca icutam, aoatem,
Daguiti parsua a marbenganen
Umayda agpulang quenca rumbengen
Ta sicat naggapuan ni amin amin.

Impaaymo ngarud ni lamiis, sappuyoten
Toy bancay ni Rosalia agpulangen
Omona pimanen, quet aoatem, quet iti nalamuyot a
Saclotmo itdem.

O Rosalia! asaoac, aoan pamuspusanen
Dimteng ti nadiosan a pangeddeng
Napait a aldao quen oras intay napagteng
O asaoac panaoannacam laengen
Asicam pay a olilaem.

Nasanaang, naut-ut quen napait
Daytoy a oras, asaoac a naddariquet
Panagsisinatay a maipapilit
Ta mapanca laengen quet mabaticam met.

Ni Apo Dios ti cumuyog quenca,
Dinacanto baybayan ta dacquel ti asina,
Sapay cuma unay quencuana, ta iti Gloriana
Ti agnanayon a taengmo, sapay coma.

Suminaca ngem mabati cadacami
Ti laguip a sisusurat iti pusomi
Dinto quet maunas iti isipmi
Inganat adda biagmi.

Itoy a panagsaoc nairaman
Daguiti annacmo binungam
Dacquel ti inanamac a didanto quenca malipat
Ta dida timmaud no aoanca cuma.

Quet no siac a asaoam masapul pay ngata?
Ti casco panagcari panangipangta
Nga ti laguipco quenca di agpatenga
Saan, asaoac adayo a casta
Inganat maudi nga angesco ti agpatengga

Itoy tanemmo asaoac panaoanca
Yegmo ta matmatac dayta rupa
Yegmo ta daculapmo ta captac ida
O maudi a dacrimat amangan a cona!
Adios asaoac agsinatan
Ta ditay met macaturay

O Dios, quet toy maudi a pacadac quenca
Adda pay cayatco a ibalicas, Rosalia ...
Tal-lo caquita, a titulo oenno igaludco quenca
A isu daguitoy: "Asaoac, Inac quen Cabsatco."
Dios ... Dios ... Dios

PANAGDATON

O Apomi a Jesucristo daoatenmi quenca, nga aclonem ti cararua ti maysa a pinarsuam, isu ni Rosalia, quet alaem a umay maquiranud ita Gloriam a agnanayon. Ygapum iti nasantoan a panagtotoocmo quen ipapataymo gapu iti di agpatenga nga ayatmo quen caasim cadacami a nacacaasi a managbasol. Quet castanto met cuma cadacami no dumanon to horas ti ipapataymi tapno maicaricanto a umay maquipagcancanta quen maquiranud iti Gloria nga agnanayon. Amen.

Casta met a daoatenmi quenca ti icannacam iti panaguitured a cas idi panaguitured ni apomi a Virgen Maria nga nagpalpaliio cadaguiti totoocmo nga Annacna, nangrona idi sursurutennaca a sibabaclay iti cruz a sumangat iti Bantay Calvario; iti panangilausda quenca, quen dedi tal-lo nga horas a panagbuyana quenca a sibabayog iti santa nga Cruz a nacaoyosan ti biagmo, quen idi panangaoatna iti santisimo a baguim idi pinacsoda Jose Arimatea quen Nicodemus, quen iti met panangitanem na Quencuana. Amen.

PACALIOLIOAAN TI LADLADINGIT

No natay ni Rosalia nga asaoac, inponponmi quet simminan. Quet naolilacamin, silaladingit cami unay.

Idi natay ni San Jose inponpon met da apo Jesus quen apo Santa Maria. Nabalo ni apo Santa Maria, quet naolila ni Apo Jesus, quet sinangsangitanda met.

Idi natay ni Apoyayo a Jesus, naolila ni Apo Santa Maria. Nabasa cadaguiti Santo Libros daguiti rigrigat ni Apo Santa Maria. Daguiti rigrigat a sinagsagaba, da Jesus quen Maria, adadu a naminribo, ngem daguiti rigrigat ditoy lubong.

NAYON DAGUITI DUNGDUNG-AO

Naoatioat a Cayus lugar a incam nagnagnaan
Dacam quen Rosalia isu nga suminat ita piman
Tannaoagam toy Sagrada a lugar incam pangidulinan
Iti bancayna ta agsublin agpulang quen dagan.

O lugar a Sinidab castacamet, iti dalanmo
Pinalpallabasnacan idi tiempo a nalabes
Piman a ni Rosalia dinacanto sublianen a dalanan
Ta itan quet pumanao sumina metten.

Calzada nga CAOAG, naen familiarca unay cadacam
Ta canicaduapulo nga taoen naglaslasatan daca unay
Segseggaam ni Rosalia ta dinaca metten paglasatan
Ngem aoan pimanen ta adtoyen a pumanao.

Ipaayco ti Concursoyo dacay nagcatlo a luglugar
Itoy pacaidulinan ni Rosalia incay dardar-aoan
Yangem ta biangyon ti inna pagpulangan
Naibagui cadacayon, quet castacamto met itay, piman.

68

YDI CALPASAN TI PONPON

Sangpetendaca nga balay
Ngem aoan metten a madatngan
Dedi ina a managuibalay
Mangornos quen mangidalan
Cadaguiti aramid a maipaay.

Daytoy ti omona nga aldao, a
Viernes 12 Junio 1908, ti mabilang,
Manipud caada caniac uneg ti balay.
Aoanen ti innac sangpetan,
A sumabat caniac iti ruangan

Sanacto piman pagsaludsudan
No apaya a innac naladao
A simmangpet ditoy balay
A naggapu iti pagyan nongan
Amangan quet no innac pinasar
Ti bisinco gaput pannacaladao

Di man mamin ano pannacabalbaliona
Ti panagbiag piman daguiti parsua
No naquem ti Dios a casta
Pagararigan la quet ita, asinot mangipapan
A dedi asaoac immon-onan?

Ay Ninay asaoac a ay-ayatec
Addaytoyacon a simmangpet
Rumuarca ala a umay sumabat
Tapno daguiti quettangco macpep
Cadaguiti trabajoc a nasulit.

Daguiti masapulco iruarmo idan
Pagsucatac iti uneg ti balay.
No castoy a casangsangpetco unay
Daguitoy sicacapet caniac suctan idan
Tapno baguic ti mainanaaw

Iquitam ta rupam marmaraisem
Cas masansan caniac a ar-aramidem
Simmangpetcan, esposoc, cas a cunaen,
Nagagaraca man ngata unay iti bannoguen
Yamanco esposoc no aoan ricricnaem
Sacquit ti olom oenno labes ti bisin

Sacanto itay ibilin a darasen
Ti pannacaisagana ti canen
Ta caasida met a nacauray laeng
Amangan no malabes cadacuadat bisin
Daguitoy annacta a dongdongoem.

Calpasan ti pannangan,
Ita butaca inacto tumogao
Tapno darasac mainanaan
Panggapuac a agur-uray
Iti a las dos, horas innac iruruar
A sumbrec idiay oficinac manen.

Addaytoy a sumanpetac manen
Ta nalpas ti alas cinco a hoarsen
Sabtennac a marmaraisem
Samo iyaoat a dagdagusen
Dayta dacdaculapmo innac lamanoen.

70

Satanto itay agquibin, ituludnac
Yti butaca tapno tumugaoac
Tumugaocanto met iti dennac
Sitatarigagayca nga inmamad
No aoan sagubanet a maricnac

Satanto itay agsarsarita
Cas cababalin ti agasaoa
Sarsaritaem ti paspasigda
Daguiti annacmo a babassitda
Ta aoan pay piman ti naquemda.

Saritaem caniac daguiti bannugmo
Maipoon cadacuada iti pannaripato
Panangayoan nacapalpalalo
Nomo ti quina alicutagda adu
Ay oen inada, Ninay, adut rigrigatmo.

Madanonan ti panaguinana-tayo
Horas ti rabii nagteng tayo
Calpasan ti panangisungsungmo
Cadaguiti aramid annong ti Cristiano
Cadaguiti dongdongoem a annacmo

Calpasan panagtalnada
Daguiti babassit iti alicutegda
Sacanto met itay aguinana
Cadaguiti banbanogmo nga aduda
Ay cacaasica man inada
Dios to ti agsubalit quenca.

MAICAPULO QUET MAYSA A PASET

Baro Nga Ichura iti Uneg ti Balay

Impaay ti mannacabalin a Dios a nagtengmi manen daytoy baro nga bigat, Sabado 13 de Junio de 1908. Omona unay a bigat a caaoan uray bancayna la cuma dedi naayat a ina a mangornos cadaguiti familiana.

Di utang a saoenen no ania quen no casanot mapaliio a echura daguitay naulila ta pagaammo quen mapalpaliio a masansan cadaguiti madanonan a datngan daytoy castoy a gasat panagpasina, nupay no nasaritac met laeng bassit. Iruguic iti ubbing a cayanac quen napanaoan ni inana. Ysuda nga agina dida nagquita a pulusen; nacacaasi quet naiguiddiat ti gasatna cadaguiti padana nga cayanac ta dadduma cadaguitoy maipasngayda iti inada no cayananacda, maipoon ta ti inada nadagdagus naaddaan iti panangyanacda cadaguitoy a ubbing iti umdas a pambar panagsacquit oenno ania; quet gapu iti casta mayaoat ti ubbing a cayanac iti sabali a tao oenno iti imaton ti maysa nga hospital tapno maayoanan quen mataraquen santo met la maisubli iti inana ton maimbagan daytoy iti sacquit oenno ania man a pinambarna, oenno ton umimbag oenno maiccat itoy ubbing ti pambar a adda quencuana idi a poon nacaiccatan panangayoan quencuana ni inana. Saan a casta ti gasatna dediay a ubbing; napaolian a cas la napaidaman iti pannaraquen quencuana ni inana ta piman simmina ngaruden a napan idiay sabali a biag apaman la ta nalabes tallo nga horas a panangipasngayna quencuana. Yti biang ni Felipa del Rosario asaoa ni Mauricio a cannacac, cadauana daguitoy met laeng daguiti daddadacquel a annacco a babbai, isu ti nacataracnan daydiay a ubbing nga napanaoan. Nabuniagan ngarud dediay a ubbing quet napanaganan iti Rocelino, nagan ti Santo nga agfiesta idi nga mayanac quen ipapatay ni inana, Jueves 11 de Junio de 1908. Nataraquen iti paspasig a gatas. Calpasan sangapulo nga aldao, simmina da met la ditoy balay daguidiay agasaoa Felipa quen Mauricio. Daguiti cacabsat ti ubbing isudat nangipaut iti panagtaraquen. Ni Juan nagaoid sadi Bontoc a destinona idi nalpas ti ponpon. Idi bulan (blanco) ti simmangpet a naggaput sadi Manila ti damona nga annaco, Romana (aoanen gasat isuda iti maysa nga adina Carlos ta dida naquita uray bancay la cuma dedi inada). Quet ania ti napalalo iti casta nga isasangpet, sumangpet quen masangpetan? .... Diosco!... ngem bay-an daguiti sarsarita a macapagladingit .....Umanayen ti pananglaglaguip cadaguiti immay, impatulad ni apotayo a Jesucristo a quinaribic-ribicna iti rigat ni Apotayo a Santa Maria ina ti Dios quen ina met daguiti tao tapno mapatangquen ti puso nga aguitured cadaguiti paoit ti langit; insuroda ti panaguitured cadaguiti aniaman a quita ti paguel, quet tuladen tay cuma tapno maicaritayo nga managanan anac ti Dios quen anac ni Apo Santa Maria.

Aoan cangronaan a inatendaran ni Romana no di ti adina cayanac quet calpasan daytoy sa daguiti dadduma nga cacabsatna quen iti met panangornos iti balay. Adda met ditoy balay casacbayan ti patay ni iquitna ni Litang (Felicidad) anac ni Cayetano a cayongco cabsat di natay a Ninay, taga Manila nga agama quet simangpet ditoy Cervantes, Abril de 1908.

Nagnagan quen taoen daguiti naulila, aoan pay cadacuada ti naasaoaan, taoen a 1908.

Romana	24
Juan Gualverto	23
Maria Socorro	21
Margarita Antonia	19
Crispin Jose	17
Maria Remedios	15

Maria Amparo	13
Constancio	10
Carlos Borromeo	8
Mariano Natividad	6
Victor	4
Isayas Fermin	2
Rocelino	

Nasasao nga cas iti panagbalbalio oenno panagsusucat ti aldao, laoas, bulan, taoen, oenno tiempo a cuma casta met ti panagsusucat quen panagbalbalio ti panagbiag daguiti tao. Ta dedi saan pay unay nabayag a casasaad toy panagbiagco, oenno nalaolaoag a pannao, ti familiac oenno ti uneg ti balayco, saanen a capada daytoy agdama a casasaad ita ta aoan ngaruden dedi mangipalongo, mangusit oenno principal, ina ti balay! tapno nalinlinteg quen napudpudno a pannao.

Tunggal mapagteng ti baro nga aldao quet agbabangon datao, calpasan panagpanpanunut iti panangngaasi quen pannacabalin ti Dios quet macapagcararag datao quencuana, quen calpasan ti panaglac-am iti taraon a intedna, tunggal maysa agtorong iti baguina a pagtorongan. Ti ania iti oficina a inna pagtrabajoan ta naoficioan ngarud iti quina secretario-tesorero municipal toy Cervantes manipud panacabangon ti gobierno civil ti Americano ditoy a ili idi 1902. Quet daguiti met annacna iti met paguescuelaan, quet ti met maysa a isu ni Crispin idiay met Estacion de Telegrafos ta telegrafista idin. Masapul cad pay a saoen a no madanonan ti oras a panagsangpet iti balay, maysa maysa sumangpet cadacuada, quet cadacuada adda nga sipapalay ti maysa nga ricna iti unegda nga daytoy a ricna no dida cuma medmedan agurugor cuma nga cas la iti panagurugor ti napigsa nga baguio oenno napigsa nga dalag diay baybay, ta madlaoan da unay ti caoan ti maysa a camcamengda; panagcurang ti maysa nga cabalayda a isu pay quet ngarud ti cangronaan ngem cadacuada amin.

Nasao itayen a ti tiempo masucatsucat quet cadaguiti panagaddangna oenno panaglabasna; dediay mapan icuyogna dediay isu nga napalabesen; quet dediay met umay idatengna met datoy adda nga isasangpetna, quet daguidiay nalabes caano man didanto agsublin; ngem encambio a cuna ti castila, mapasangpetto daguiti aoan pay idi.

Caisasao nga tiempo magmagna quet tunggal parsua oenno tunggal familia mapagtengna ti biangna a pasamaquen babaen ti panagipalubos ni Apo Dios isu nga mangipaoit.

Napagtengco ngarud ti panangruguic a panagpaasaoa daguiti annaco quet immona ni Margarita Antonia quet ti nangasaoa ni Juan Leon Guerrero taga Bacnotan Union maestro de escuela quet nagcasarda idi 4 de Mayo de 1909. Quet daytoy a panagtipon adda duan a parsua ni Apo Dios a incumitna cadacuada inganat ita nga panagsuratco (Octubre 1913) quet nabuniagan da iti Primo (ti inaona) quen Rosalia (ti simmarono).

Idi 1909, ni met Romana nagsubli sadi Manila a inna intuloy ti casasaadna a maysa nga maestra iti maysa cadaguiti ili nga arrabal ti Manila. Quet naquem met ni Apo Dios napasangpetan met ti gasatna a pannaqui-asaoa quen Gavino Tionloc Santos taga idiay met laeng (Manila) quet nacasarda idiay Simbaan ti Quiapo idi 7 de Abril de 1910. Quet daytoy a union pinataudna met ti duan a incumit cadacuada ti namarsua, ti inaona nabuniaga iti (blanco) ngem natay a dina nagtengan ti diez dias a edad quet ti maicadua ni Segundina.

Cayatcomet a ibaot a saritaen itoy daguiti dadduma nga napalpaliio quen napagpagteng manipud idi casibtan dedi cangronaan cadaguiti familiac a Dios ti mang-Gloria quencuana. Idi Octubre de 1908 napagteng ti maysa nga baguio a napigsa unay napacuyugan iti nacaamamac a cadacquel ti dandanum a isut nangyanud iti adu a taltalon ditoy Cervantes (quen cadaguiti pay met adu nga ilili quen provincial sadi baba). Namsaacan daytoy a

75

baguio ti pannagtinnag ti atep a zinc (bangir ti entero nga pagatepan) ti simbaan toy Cervantes. Daytoy a tiempo isut damo nga napootan daguiti tattao nga sibibiag a panncadadael ti adu a taltalon; quet idi 1909 Octubre man met laengen, baguio manen a capadpadat bileg man met la dedi idi 1908. Nadegdegan manen ti pannacadadael daguiti natda nga taltalon. Daguiti nadadaelen iti taltalon ditoy a ili, aduda quet napagasatannac met a siac ti maysa cadacuada; saan met a nagcurcurang ti adda laeng a simmucsucal ti patay daguiti ananimal cadaguitoy nasaritac a taoen. Napagtengco met ti maysa a quita a bucbucudco idi arinonos ti Noviembre 1909, isu ti pannacaisardengco a mangoficina (ngem saan a managan datdatlag daytoy, oenno mayasig a maysa a desgracia, ngem nasaritac laeng a pangammoac iti ad-da nga napalpaliio quen napagpatengco) gapu iti panangaramid daguit agturay a nangatngato. Pinagbalinda nga Stellment ti ili a Cervantes, iniccatda ti galadna nga township quet naruprimir ti oficina ti Tesorero Municipal. Naiccat ti calintegan daguiti umili a mamotos quet por nombraniento ti pannacadutoc daguiti agtaquem iti ili. Ngem daytoy a casasaad nagpaut ingana iti arinonos ti 1912 laeng quet calpasanna naisubli met laeng ti quina townshipna toy Cervantes.

Idi 1911, napagasatan met ni Crispin quet inasaoana ni Margarita Bondad quet idi bulan ti isu met la a taoen nayal-allatio iti destino iti bayat nagdua a bulan naya-lala sadi Vigan, Narvacan, Manila quet calpasanna Samboanga-Mindanao. Adda met maysa a incumit ni apo Dios cadacuada (anacda) ngem nagnacabulan a nacurang innala met la ni Apo Dios.

Casacbayan daytoy nalipatac a quinona a ni Crispin idi capatpatay dedi nanangda, dinaoatna ti pannacai destinonat Manila. Naipan idi bulan ti Octubre de 1908. Calpasan nacabulan in destino da idiay Corregidor; Bulan ti Marzo de 1909 inyal-latiodat Naguilian-Union; bulan ti Setiembre 9, 1909 inyal-latioda idiay Bontoc quet idi bulan ti Octubre 9, yal-latioda ditoy Cervantes. Quet mientras baro pay dinaoatna manen ti sabali a pacaidestinoan quet sa laeng naanugutan ti daoatna idi adda asaoanan.

76

Daydi taoen a 1911 napasar manen ti napigsa a baguio nga nacaidegdegan manen ti pannacadadael daguiti natnatda nga taltalon, bangbangcag quen dadduma pay a dagdaga a nasayaat.

Idi taoen a 1910, nalaguipco, quet naaramid. "Annaco Socorro: dua nga taoen a naguiancat Manila a nagsursuro. Simmangpetca ditoy balay gapu iti itutulongmo idi nanangyo, (casta ti panagsaritac idi quen ni Socorro). Naquem ni Apo Dios, aoanen a inca toltolongan ditoy balay, quet nasayaat no sumublica Manila aglalo ita quet mabasbasa nga agpastrecda cadaguiti babbalasang iti quina-enfermera. Bareng quetno macastrecca met. Ta caammoantayo nga daguitoy a tiempo nga ayantay ita maiguiddiatdan cadaguidi tiempo a nalabes. Saan la nga daguiti lal-laqui ti masapul a mangipaquita iti cabaelanda, panagservida iti ilida (patria) quen iti kumunidad, no di pay met daguit babbai ipaquitada met iti entero nga mundo nga isuda nayanacda met a cas pannacayanac daguit lal-laqui quet calinteganda met a lumac-am cadaguiti beneficios a ipaay ti Gobierno quen mangipaay iti servicio a mainugat iti quinbabbaida."

Napatuloy ngarud dedi a panguep ta ti bulan ti Agosto dedi met la a taoen isu ti iseserrec ni Socorro a maysa cadaguiti agadal iti quina-nurse idiay Hospital General idiay Manila. Quet naican a turpusna sadiay ti uppat a taoen a panagadal quet pensionan ti gobierno.

Idi 1912, naagpangan met iti pannaquiasaoa ni Remedios quet inasaoa ni Norbert Tuazon maestro graduado taga Manila a naidestino ditoy Cervantes. Ni Remedios naguian met sadi Manila idiay Hospital idi 1911 maipoon iti panagpa-agasna, quet iti arinonos dedi a taoen napan inyaoid ni cabsatna a Juan.

Napan met ni Amparo sadi Manila tapno agadal idiay escuela Normal, 1912. Daytoy namindua nga nai-hospital idiay Manila bayat ti curso ti escuela iti dedi a taoen ta nagsasacquit.

Daytoy a casasaad cas la isu ti immad-addaan ayat toy amada nga vomisita cadaguiti annacna nga adda sadiay Manila, quen cumita idiay ililioenna nga Capital a naggapuanna quen naggapuan met dedi Dios ti aluadan nga ina daguidiay. Quinamacamna ngarud sadi Manila ti Pascuas de Natividad idi a taoen 1912 quet nagaoid met laeng idi baro a taoen ti 1913 a inyaoidna ni Amparo.

Maipanguep iti quita oenno hechura ti Manila a naimatangac itay a ipapanao, dacquel unay ti icaicaoac a nacaquita, ta saan a dedi Manila idi 1880 a panagapumi (a dua, siac quen dedi asaoac) sadiay, ti Manila nga naquitac itayen 1912. Cayat a saoen daytoy: saan a cas iti quita oenno buya ti Manila idi 1880 a ipapanaomi sadiay, ti quita oenno buyana idi subliac a mangquitan 1912. Nangnangrona a pacicaoaan ti panagquita, dedi lugar a managan Luneta, casta met daguiti il-ili nga Ermita, Malate, Pasay, Paco quen dadduma pay a il-ili nga arrabales ti Manila.

Ti quita ti Luneta idi, maysa nga tayac oenno plaza nga mangaoat-aoat iti calaoa quet iti caadda daguiti tao nga in agpasiar idiay a lugar idi nabayag, (ta lugar ngarud a pagpasiaran, pag-ejercicioan daguiti militares, pacairamidan daguiti dadacquel a parradas no adda fifiesta, pagserenataan daguiti bandas militares cadaguiti malmalem ti Jueves quen Domingo), maquita manipud iti sinao a lugar o plaza daguiti nasararay a balbalay iti ili nga Ermita. Balbalay a paoid oenno nipa ti diding quen atepda, adda met idin saan unay dadacquel a balbalay a nacabiti ti sirocna, natabla ti baguina quen zinc ti atepna. Maquita met ti deppaar ti ili nga Paco quen barriona nga San Marcelino quet daguiti balbalay casda met cadaguitoy naisao Ermita. Quet ti nagbaetan ti Luneta quen Paco quen barrio San Marcelino nalalaoa nga taltalon, idi, quet no mapan met datao idiay Malate, iti baet daytoy a ili quen ti ili a Ermita, nalaoa nga lugar nga aoanan balbalay.

Ytan, daguitoy nasaoc a luglugar napusecda amin iti balbalay a dadacquellan, malacsid ti Luneta ta tiniddada a di nagbangonan iti balbalay. Ti macanaoan, dedi calzada real a sigud nga aggapu idiay Arrocero quet agturong idiay Ermita, Malate, etc., etc.

Dedi iguid ti baybay idiay Luneta ababao idi, quet tinaoen a no tiempo ti maga pagbangonanda iti sumagmamano nga balbalay idiay mismo nga danum a pagdidigusan isu nga naganenda iti "Baños". Pinagbalinda nga adalem a puerto, inda quinutcutan iti napalalo nga caadalem, quet ti daga nga quinotcutda ingaburda iti iguidna isut gapuna nga liimaoa dediay a lugar, iguid ti baybay guinamgamna a guinaburan ti baybay iti iguidna.

De modo nga immilet dedi Luneta iti parte nga macatiguid ti daan a calzada-Real agpa-Ermita, pinunnoda iti dadacquel a balbalay ngem limmaoa met iti macanaoan maipoon idiay naisaom "tierra ganada en la mar" no Castilaen. Iti iguid a calcalaingana iti caadayo, daytoy lugar a guinaboran quen nangaramidanda iti puerto nga adalem naipatacder ti dua nga balbalay a dadacquel, estilo Americano quet agservida nga pagdagdagusan daguiti aduan gameng! quet managan daguitoy a balbalay iti "Hotel".

No ti mismo nga uneg ti Manila a managan idi iti "Intramuros" aoan ti casano caadu nagbalioanna, ngem no iti ruar arrabales ti Manila isu ti pacaquitaen iti agcacaadu nga nainaynayon quet no daguidiay nasarsaritac Luneta, Ermita, Malate quen Paco agservida laeng, ti panguepco, a muestra itoy pannaritac.

Daguiti rangtay a managan Ayala quen Santa Cruz, cabarbaroda unay, nupay ti Ayala adda rugui idin 1877 – 1880 a caadac Manila. Napaspasigda landoc quet daguiti agquitquita o macaquita no adda cadacuada nao-asnay bassit a panagpanpanunut, aglal-lalo datao nga nayanac ditoy Filipinas, a cabarbarodat macaquita cadaguitoy a gapuanan ti tao, casla di patien a daguiti tattao dida cabaelanda nga aramiden daguidiay a gapuanan. Dudua pay ti rangtay idi idiay Manila: "Puerte Espana quen Puerte Colgante".

Saan a isut panguepco ti mangituloy a manrita itoy a sinuratan, cadaguiti immadelantaran ti Manila o nagbalioanna bayat ti tiempo nga 1880 – 1912 (ipapanaoco sadiay quen panagsublic a quimmita). Ysardengcon ta tuluyec ti panguepco a isu nacairuguian daytoy a panagsurat. Ngem adda pay la malaguipco nga ilalaec unay no diac mailanad: daguidiay a nabuyac! Gapuanan amin ni napigsa unay a pirac! casta ti immapay iti panunutco a nagbuybuya ...macutcutan ti adda caab-abaona nga baybay tapno pagbalinen a adalem unay a Puerto, quen pagbalinen a patag, oenno pantar, oenno daga ti ananay oenno naig ti baybay. Daguitoy a gapuanan naaramidda gaput iti capigsa ni pirac; casta met cadaguiti rangtay, balbalay a agcadadacquel, tramvias automovil, quen pannacatrabajo daguiti calcalzada nga daguitoy maqui-abac-abacda iti capintas ti suelo daguiti agcacasayaat a balbalay.

Dedi nga ipapanco sadi Manila saan a di napagasatanac met bassit a nacabuya iti maysa a fiesta nacional toy Filipinas idi 30 de Diciembre 1912, pannacayalis daguiti restos mortales (tultulang) ni naidumdumat gasatna Doctor Jose Rizal; quet naidulinda iti liccocong ti poon ti monumentona a nabangon idiay Luneta, dedi lugar a mismo a nangpaltoganda. Panunutem itoy no casanot cadaeg daytoy a fiesta popular a naaramid idi. Ti prosesion nangigapuanan iti caja nga nacaidulinan daguidi sinao nga restos mortales, naigapudat idiay Casa Aynutamiento quet intungpalda idiay sinao nga monumento quet idiay nadotocan ni Vice Gobernador General Giltver a immaoat quen nangisaad iti lugar a pacaidulinanna, sananto insaad iti lugar a catutupanna ti omona nga bato quen immona nga paletada ti masa a maipaay. Esto es, ni Vice Gobernador General isut nangpresidir caduiti ceremonias a naaramid idiay monumento a quinuyog daguiti autoridades ti Manila nangrona daguiti Prohombres Filipinas. A las nueve ti bigat idi naaramid daytoy quet iti a las otso, o a las nueve ti rabii, procession civica manen. Quet di maputput no saritaen amin ti cadaeg daguiti nabuybuya idi a fiesta.

Ydi 1° ti Octubre 1913 narbengan met ni Juan a immaoat iti estado quet inasaoana ni Adela Mills. Quet idiay Bontoc ti nagcasaranda a immona santo naituloy ditoy Cervantes isu a immal-latioanda a nagtaengan iti nagtal-lo a bulan sada nagsubli sadi Bontoc.

Idi met 15 ti Febrero ita 1914, nagtengan met iti gasat a pannaqui-asaoa ni Amparo, inasaoa ni Anacleto Tolentino taga Magsingal, Ilocos Sur. Telegra-fista quet nagcasarda idiay Tondo, Manila sadanto napan idiay San Jose, Mindoro a destinona, como telegrafista.

Naisaoc, idiay punganay, a daytoy a sursuratec cas maysa a listaan a pacaypuntaan daguiti pasarac, oenno pasaren daguiti tabunacco.

<u>Panagasaoada</u> <u>Taoen</u>

Juan Leon Guerrero----------------------------------1909
Margarita Antonia Gaerlan----------------------------

Gavino Tionloc Santos--------------------------------1910
Romana Gaerlan---------------------------------------

Crispin Gaerlan---------------------------------------1911
Margarita Bondad-------------------------------------

Norberto Tuazon--------------------------------------1912
Maria Remedios Gaerlan-------------------------------

Juan Gualberto Gaerlan------------------------------1913
Adela Mills--

Anacleto Tolentino----------------------------------1914
Maria Amparo Gaerlan--------------------------------

Jose Misa---1917
Maria Socorro Gaerlan---------------------------------

Constancio Gaerlan---------------------------------1920
Simplicia Macarol (+ Mayo 1924)--------------------

Mariano Gaerlan------------------------------------1926
Pia Agaangan---

Victor Gaerlan--1929
Felicida Vargas---------------------------------------

MAICAPULO QUET DUA A PASET

Ydi bulan ti Marzo de 1898, napanco inserrec ni Romana idiay Colegio de Niñas sadi Vigan a impangolongoan daguiti Profesoras quen Madres Españolas quen Filipinas, isu nga natungday dedi a Colegio (cursona). Agsipud iti idadateng idiay Vigan a cas met cadaguiti dadduma nga provincias, daguiti fuerzas revolucionarias, oenno daguiti Catipunero (ta castat pangnaganan idi) quet saritaec itoy ti casasaad idi daguiti taga colegio (cas sinarita toy anacco Romana). Ydi agdandani macadanonen daguiti Catipuneros idiay Vigan, macul-culan daguidi Madres-Profesoras a cas met iti pannaculcul ti Señor Obispo idiay a Diocesis agraman adu a Papadi a pupurao a naeden sadiay quen agraman pay Cacastila. Daguidiay quen daguitoy nagtatalao da amin a nagturong sadi Cagayan. Naimbag quitdi ta di naguipan toy Romana isu nga inyaois met daguidi mamadres quencuana ti inna isusurot cadacuada no casta ti pagayatanna cuma.

Naaramid ngarud toy isu nga paggustoac unay a saritaen, maipoon iti caimbag ti naquemna. Maysa nga masanicua nga babai a taga idiay Vigan Doña Patricia Reyes ti ipapanna a nagtaguilugan idiay Colegio de Niñas tapno inna alaen daguiti dua nga babbalasang cacabaguianna a nagtaeng idiay a colegio (colegialasda a cas met quen Romana.) Nadatnganna nga daguiti taga idiay colegio, (colegialas a nadumadumat il-ilida) maysa maysa, agta-lao quet cacuycuyogda daguiti ganganetda. Natorongana ni Romana, nga daytoy, cas la dina ammo ti ar-aramidenna maipanguep iti no casano met ti ipapanaonna idiay colegio idinto nga bassitdan a di nacapanao, quet quinonana. "Nay, apoc, balasangco, sica daytay taga Lepanto?" "Sadinot inca papanan a sumangpeten ita?" "Asin ti am-ammom ditoy Vigan?" Apo. (Insungbatna ni Maestro Toledo quen familiasna, isuda ti am-ammoc ditoy Vigan, taga Manila, madama nga maestro ti banda de musica idi sadi Vigan.) "Umayca quitdin apoc idiay balaymi", quinonana man ni Doña Patricia "ta satayto payammo cada Maestro Toledo quet idiayton balaymi ti umayda panapulan quenca. Alaem quitdi daguiti ganganetmon ta intay lumuganen." Casta idi ti naaramid. Nagsayaat ti naquemna a Señora daydiayen!

Ynnalana nga agpayso ni Romana sana pinaibaga ti familia Toledo quet santo napan innala daguitoyen idiay balayda. Quet calpasan sumagmamano nga aldao, napan met innala ni cabaguisco a Felipe ni Romana quet insangpetna idiay balay da, Narvacan. Ysu nga idiay met ti innac met nangalaan quencuanan. Simmangpetcam ditoy Cervantes cadguiti omona nga aldao ti Noviembre 1898.

Naipasirmata nga sigud ti quina saan unay nasayaat ti pannacaipan ni Romana ti Colegio sadi Vigan? (Mabalin a casta ti panaguipato daguiti manangpalii-io cadaguiti senseñal a maconcona) ta idi panagdagusmi sadi Candon panaggapumi Cervantes quet agpa Vigan cami, naquistayan nacal-ud nacam dedi panaggulo daguiti taga Candon. Ta iti carabi-ian ti 24 de Marzo 1898, a panaggapumi (dedi aldao) sadi Candon, isu ti panagguloda iti pumarbanongan quet inatacar da ti Cuartel ti Guardia Civil. Dinonordonorda ti Teniente Comandante dedi a puesto. Binaludda ti Cura Fray Sotero Redondo quen dua nga missioneros a sangailina idi, quet pinapatay da ida nga tal-lo a Frayles calpasan ti pammarparigatda cadacuada. Ysu nga dedi nga accion oenno gapuanan daguiti taga Candon binayadanda met piman iti nangina. Nangina ti biag daguiti nacacaasi a Papadi quet nangina met ti biag daguiti sumagmamano nga babacnang a taga Candon ti pinagbayadda agraman maysa pay a natacneng a Padi Filipino, saan a taga Candon ngem destinado idiay a maysa cadaguiti Coadjutor (Dios ti mangaasi cadacuada a padapada.)

Yti pannacalucat ti Escuela ti Engles ditoy Cervantes, 1902 ti taoen simbrec a nagadal ni Romana. Quet idi 1903 isut nadotocan a maysa nga mangescuelan. Ydi 1904 impalaguip ti Gobernador toy Lepanto ti isu cuma ni Romana ti maysa cadaguiti pensionadas a mapan agadal bayat uppat a taoen idiay America. Adda circular ti Gobernador General idi a taoen cadaguiti provincias maipoon iti ipapan daguiti sumagmamano a pensionadas sadi America. Ngem calpasan panagpampanunotco casta met dedi inada, naibanag daytoy: No mapan agadal sadi America iti uppat a taoen, adayo unay dediay a lugar (era una debilidad para nosotros el no haber acceptado aquella proposision, aquella oportunidad) quet idiay Manila la ti inna pagadalanen naimbag ta adda olitegna idiay a cumitquita quecuana. Daytoy isut napatuloyan quet idi Mayo 1904 napan ngarud sadi Manila. Ydi 1906 adda plazanan a quina maestra con P50.00 mensual. Daguidin a tiempo ti nacairuguian a ni Romana aguian idiayen ta naasaoan pay quet ngarud idiayen.

Isarunoc met ita a saritaen bassit itoy, ti maysa cadaguiti annaco nga isut sigud a quinatoltolongac manipud napasangpet ti naquemna (gradualmente). Manipud idi agtaoen iti sangapulo quet dua quinatoltolongacon. Ysu ti mangatender iti panangescuela idiay Cayan (idinto nga maestro de escuela y directorcillo ti casasaadco idiay Cayan, calpasan ti panagal-al-latioco idiay Sagada, Cervantes, Mancayan quen Cayan), mangatender iti correo a sumang-at quen bumaba inaldao-aldao, quen agaramid iti padron daguiti nagcanem a rancherias a pacabuclan ti comprension de Cayan. Caduana iti panangescuela da Romana quen Severina. Castamet a matolonganac a maisaup iti panag-seministrar cadaguiti cargadores a daoaten daguiti aglasatlasat. Nanangrona a nacaipapilitan ti masapul a itutulongna caniac idi agdateng a masursurono daguiti indatdateng dedi gologolo oenno revolucion. Ta calpasan ti pammarbuatco cadguiti familiac tapno inda agcamang cadaguiti a luglugar nga adayo a mapagnaan daguiti aglasatlasat, maipoon quen golo, addaguidi nga agsangpetdan daguiti pacaboongan ti olo. Aoan idi ti catulungac no saan la nga daytoy sasaoec a annaco, agtaoen idi iti sangapulo quet uppat. Ysut caduac mangimandar cadaguiti sumaglilima nga umili a managanan oficiales de justicia tapno imatanganda ti sumervi iti panagsangaili cadaguiti adu nga agsangpet.

Immona nga nagsangpet a sangailien, Comandante Politico Militar de Bontoc con su familia, oficiales ti Guardia Civil con sus familias, tropa de la Guarda Civil particulares con sus familias y Filipinos con sus familias. Bumaba daguitoy a in cuma agcamang sadi Vigan ta casta ti napanunut daguiti Comandantes ti Lepanto quen Bontoc, panguep a di napatuluyan agsipud ta nacadatengan idiay Vigan daguiti revolucionarios.

Cadaguiti a mismo nga aldao immay naquipagcamang ditoy Cervantes ti Comandante de Benguet con en familia, Eazadores convalecientes, empleados del Gobierno de Benguet y familias, Eurapeos refugiados en Benguet con sus familias, y algunos Filipinos con sus familias. Casta met a immay naquipagcamang ti Comandante del partido de Tiagan quen Guardia Civil. Amin amin daguitoy a naisao a naggapu sadi Bontoc, Benguet, Tiagan sa naidagup daguiti dinanon da ditoy Cervantes sangsangcacuyogda amin a nagpa-Bontoc ta idiay cuma ti inda pagdefenzaan. Sa simmaruno cadaguitoy daguiti fuerza de la Guardia Civil quen voluntarios Españolas quen Filipinos a quinuyog ida daguiti uppat a Comandantes (Gobernadores). Nabaetan la iti maysa nga aldao, addaguitoy met a simmangpeten daguiti aguppat a gasut a tropa revolucionaria a in cumamat idiay Bontoc.

Calpasan ti Capitulacion idiay Bontoc nagsasalug man la amin amin daguidin, quet nagcapat a tanda oenno paset ti echurada nga nagsalug iti bayat nagtal-lo nga aldao.

Daguiti Españoles capitulados con sus familias, agraman papadi isuda nga alistado. Ydi a como voluntarios, natratarda nga nalaing, a cas naimatangac quen damagco, por parte daguidi jefes y oficiales del Ejercito Revolucionario; esto es, iti panaglasatda iti Bontoc quen Lepanto.

Iti pannacasaritac cadaguitoy ta cayatco a maipalaguip bassit, ti sangcabassit cadaguidi ananay daguiti gunay gunay oenno garaogarao ti revolucion a naipabagui idi iti lugar a yanco nga masalapunda. Quen cayatco ipalaguip no casano ti pannacabaelco, siac, toy anacco quen sumaglilima nga "Custicia" (cas panangisao daguiti umili sadiay sumurong) a simmangsango a nagsangsangili iti casta unay caadu a pinaspasungadmi. Simrec unay ti caniac ti caasic quencuana idi, aglalo idi nga tumacaotacaonen met laengen ti paspasen, quet nagaddu a pasangaili. Immayac ditoy Cervantes y su la familia, simmadutac la unayen a in sumubli sadi Cayan quet is-isun ti agbanbantay idi balaymi (casa-escuela) quet en cada tal-lo nga aldao ta mailio sumalug a maymaysa ta umay maqui-ilio quet bal-bal-lasioena nga capilitan diay carayan. Quet agaoidto manen nga macasangsangiten piman a ta di met macaturay.

Adda a nacabulan acasta (bulan ti Setiembre) ngem idi nga diac mapanunut a pulus ti agsubli sadiayen, nupay adut madadael a panaoan, sa quet Catiponan lat mapalpalabasen (destacamentos) quen pasaray adda pay Catipunguero nga agsapsapul idi catcatipungoaenda. Pinanutnutcon a naminpinsan ti ipapanao sadiay quet taenganmi toy Cervantes a ayan ti bassit a daga, pagpastoran cadaguiti animal quen yan ti balaymi. Ydin santo la sinamardeng cadaguiti obligacionna nga capilitan, ni Juan.

Nagtaeng ditoy Cervantes daguidi frailes prissioneros manipud 12 de Junio 1899 inganat fines de Noviembre del mismo año. Maysa nga gasut quen sangapulo quet tallo1 (113) ti dagupda quet iti napasar a guddua daytoy a bilang, dacam ti nangatender iti pananganda. Cacastila a da Señor Dana quen Señor Garvin isuda ti cacaduac (quet adda met sabali a Castila a namacpacan iti cagudua daguidiay, isu ni Señor Verdaquer). Quet pinatodonac manen ni Juan a mangimatang quen umayoan cadaguiti sirvientos quen prisoneros. Daytoy man maysa a timulonganna unayen, quet iti pannacabayad daguiti naiservi naipabagui caniac ti tumutup

87

mil viente pesos (P1020.00) laeng (maisao laeng). Nasao caniac ti maysa gayiemco idi, nga manmano can unay ti pannacapasamac a macaigguem iti mil pesos (P1000.00) iti manimpinsan a porraso. Quet uray siac maemac met a manmano ti pannacaigguem iti casdiay iti manimpinsan a porraso, malacsid daguitay pudno a nabacnang ta bassit unay cadacuada dediay a dagup ti pirac.

Daytoy quitdi, cas pangsasao daguiti mannacaammo. Amin cano nga banag cas la panpanato; aoan ti pudno nga imbag, aoan ti napaypayso a pudno ditoy lubong; pasig a ulbud. Nalaolaoag a pannao, pasig cano nga aoan amin.

Saan a maipoon la iti maysa a mil pesos ti pagsasaoan; ta uray pay aoan ti ania man a cantidad, a di ngarud met nagbayag bassit iti ima, napucao met laeng. Nasayaat no adda iti panunut dediay a sao, "pasig a aoan" (todo se seduce a nada" no Castilaen.)

Bulan ti Junio 1900 simmangpet ditoy Cervantes ti angol daguiti ananimal naggapun idiay Angaqui, Namitpit quen dadduma pay a il-ili. Quet tinorongna nga immona unay ti corral daguiti vacac. Ngem naisangsangayan man unay ti gasat daguidi nga ananimal ta, aoan lat sangabuquel a natda? Natayda amin! Uray la cuma no maysa nga ipos oenno maysa nga lapayag ti natda (cas panagsasao daguiti namarato). Dayta quet rigat idi nga agcalcali iti abut a nacaicailianda. Quet calpasan ti nacabulan naisublat manen daguiti nuangco. Padana manen iti cadaques a gasat! Bassit piman ti dagupda amin daguidi nga ananimal vaca quen nuang ta nacurang la a sangagasut.

Iti casdi quinonana ni Juan, "itan aoan met acacayec a yap-apunen nga animal (ta minalem idi nga agsacay iti cabayo nga mapan agyapun). Palubusandac ngarud nga mapan sadi Manila agadalen." Pinalubusanmi ngarud idi Noviembre 1900, quet dedi naimbag a gay-iem, Don Jose Mills isut nacaicuyuganna casta met a naicuyug ni casinsin ni Juan, Buenaventura Bondad.

Di la Simmardeng cadaguiti panagay-ayatna a vumisvisita cadaguiti bassit nga adda a sanicuaen ni "angol", ta daguiti bassit a cabcabayoc, inin-inotna nga inib-ibus. Aoan lat tinid-dana uray ipos la cuma a maysa (cunaen no agpacpacaro datao.)

Ydi Junio de 1903, simmangpet ni Juan a umay ag-empleado ditoy a provincial Lepanto-Bontoc, simmangpet a cas la casualidad, oenno cas la mapilpilit? Ta iti pagcunaac iti casta, cadaguiti bulan ti Marzo, Abril quen Mayo, panguepmi dacam a naganac quen casta met quencuana (cadaguidiay nasao a bulan isu unay ti panagsinsinuratmi) ti agaoanna laeng ti agadal, estos es, ituloyna la cuma nga ituloy quet nasaona pay iti maysa cadaguiti suratna ti panacaipan sadiay ni adina a Crispin quen casinsinna nga Buenaventura tapno itinto panagtitiponda nga tal-lo sadiay, mangabangdanto iti balay quet macaammodanto iti panagbiagda tapno iti casta basbassitto cuma ti magastoda ngem iti agbayadda iti caserada.

Ngem naaramid a isu, ni Juan, pinadasna ti nag-examen iti Mayo nga caadda Convocatona iti examen para el Servicio Civil, quet nairuarna ti Segundo Grado. Nairana met a cadaguiti a tiempo, agapuana nga agdaoat sadi Manila ti Secretario-Tesorero toy a Provincia tapno mangibaonda cuma ditoy iti personal nga agservi iti Govierno Provincial ti Lepanto-Bontoc. Cadaguiti mangoficina a nacaruandan iti examen del Servicio Civil ta ditoy Cabecera ti Provincia aoan pay idi ti uray no maysa nga examinado cadaguiti adda nga mangoficina. Aoan pay ngad macapagsao iti Inglis no di maymaysa laeng a isu ni Constantino Gavila; isu nga interprete del Govierno ditoy ili. Gapu iti casta imbaonda ngarud ditoyen ni Juan a nupay no saana cuma pay a panguep, quen castacam met a naganac, ti panagrugui na cuma ditoyen provincial na, quet di mi ngarud nagmadi iti casdi a panangibaon da. Ymmay lat ta simmangpeten quet idi. Subprovincia de Bontoc isut nagtuloy a nacaidistinoanna nga interprete (daytoy isut immona nga plazana).

Caasi ti Dios naturpusnan ti nasuroc a sangapulo a taoen, ita nga panagsuratco. Quet daytoy a bayat, napadpadasna met ti naidestino ditoy Cervantes bayat ti tiempo a panagservisiona. Quen agpapan ita saana a binaybay-an ti itutulongna caniac iti panagbiag, quet nangnangrona pay idi adda pay a biag dedi Dios ti alluadna nga inada. Ysu nga ad-adda nga nangipaquitaanna no casano ti panagayat iti ina nga naguibus iti ayat, bannog, puyat quen dadduma pay a sagabaen ti maysa nga ina iti panagtaripato iti anacna nanipud iti cabasitda, quen nanipud pay quitdi idi panangcarga cadacuada manipud iti uneg ti tianna, panang yanac cadcuada quen amin a pannaripato inganat iti dida nacadadacquel. Dacquel ti naitulongna cadacami nga naganac maipoon pay met cadaguiti dua nga inaona nga cabsatna a babbai iti panagadalda dedi Manila; maipoon cadaguiti di pagduaduan a masapul daguiti cacastoy a banag, panagadal-Manila, cayatna a saoen nagasto a pirpirac gapu cadacuada.

Ysuratco daguitoy, ta pagayatac quet carbenganna unay. Pues saan a pagduaduaan a dacquel unay a meinto daguiti cascastoy a aramid, itutulong cadaguiti naganac cadatao. Siquiquita quen siaammo ni Apo Dios, itoy a aramid ti maysa nga anac, cada amana quen inana. Quet sapay cuma quencuana, (ni Apo Dios) iccana cuma daytoy nga anacco iti mauayas a caradcadna, quen nasayaat a gasatna tapno masapulanna cuma nga masarac ti suro daguidiay impaayna cadacami nga dadacquelna; nangrona ti talna ti cararua nga agtorong quen Apo Dios. Ta aoan ti ammoc a pagsubalitco ta napanglaoac piman, oenno awanan iti gasat ditoy lubong (sanicua). Sapay quet lacayen ta dandani ac ita ageminem a pulo iti taoen.

Diac mabain a pulos a manarita itoy, iti maysa nga imapay itoy cararuac. Maysa nga sensacion oenno ricna nga diac quet magaoidan, a isu ti panagarubus daguitoy luluac nangrugui itay iruguic daydiay sarita nga, "siquiquita quen siaammo ni Apo Dios, etc., etc.," inganat ita nga madama nga itultuloyco daguitoy a binnatog. Sapay Cuma ngarud Apoc a Dios ta daytoy palaoagco nga mabugguan oenno napacuyogan iti panagar-arubus daguitoy luluac, adda cuma banagna nga nasayaat quen anaco nga nangipaay iti tulungna.

Ngem Apoc a Dios saan a isisu ti idaodaotco a maymaysa, no di pay met isuda amin amin nga annacco, tapno ipaaymo cuma cadacuada ti santa nga gracia nga ammon nga masapulda.

Isaronoc met ditoy ti maysa cadaguit sao ti Adagio.

"Cadaguiti annacmot pagurayam,
Cadaguiti aramidna a impaaymo cada Amam"

Nota: Sarita daydi amac, a casta can met ti aramidna iti amana. Quet siac met ti inararamidco iti amac. Castanto met Cuma cadaguiti pututco, ti aramidda.

MAICAPULO QUET TALLO A PASET

Ananay Oenno Caapag Daguiti Sarsarita en Verso
(Isuda a Masarac iti Nagtengaan Daytoy a Cuaderno)

Maysa cadaguiti aniversario a patguen tay nagsurat maipoon iti pananglaglaguipan idi pinasina-na. Aldao a 26 iti bulan ti Julio.

Cancanayonto di maed-eddep,
Itoy pusoc ti rayray ni laguip;
Di masapul ti panangipapatic,
Ta ti dacquel a Apo siam-mo met

Aoan samana toy panalaoagco,
Nasudi a cararua matungpalto;
Ta cancanayonca itoy panunutco,
Manipud idi ipupusaymo.

Saan a nalaclaca,
A iti caaoanmo lipatenca,
Saan ta daytoy cararua,
Canayon a laglaguipen-naca.

Aoanan cararua quen isip,
Oanan ayat a nadariquet,
Nagpuso iti nangisit,
Tao, cararua, a nagulib.

92

Nayarigda itoy quinonac,
Daguiti tao manglilipat,
Cadaguiti nagutanganda adu nga ayat,
Saan ina, adayo, diacto maipadpada.

Idi tao a pinarangcapan,
Ti Dios a cadayagan,
Iti panunut a maipaay,
Iti pananglaglaguip dinanto lipatan

Eppostom dedi nagsingalut a ayat
Daguidi dua nga cararua nga immaoat
Iti bendicion a nacanatad
No masulitan iti lipat

Nagasat dedi nga aldao,
Cadata a dua a in nacayaoatan,
Ti bendicion, iti imatang,
Ti Dios a cangronaan.

Ta napatac quet maquita,
Ti parabur ti Dios imburayna,
Cadaguidi nagcasungdo, dua a cararua,
Mabalin a bilangen no manoda

O apomi a Dios a mannacabalin
Dica isina cadacami ti caasim,
Daguitoy incumitco innac quenca itaclin,
Tapno iti gracia quen Gloriam,
inca cadacuada itdem (sapay cuma)

ANNIVERSARIO A MAIBATAG CADAGUITI 4 DE SERTIEMBRE.

Pannacaipaayna unay unay;
A ni apo Dios di agressat,
Ta intay quencuana panagdaydayao,
Ta isut intay pagsubad.

Aoan patenggana nga imbag,
Ti panangngasim di agpugsat,
Cancanayon a inna ibuyat
Daguiti asina quen ayat.

Nayanac naparsua daguiti tao;
Tapno inda agdaydayao
Quencuana nga Nadiosan
Ta rumbeng quen nanomo
Nalumanay quen nalinteg,
Ti Dios Apo mannacabalin;
Ayatnat manglioeng-lioeng,
Di magaoat ti tao a tanuden, is-isipen.

Aoan lansadna nga ayat,
Agnanayon a inna impaay,
Cadaguiti parsuana inna pagay-ayatan;
Isut Dios, Apo, Quen Ama!
A cangronaan unay.

Caimbagan aoan macapadpad;
Ta daytoy fecha, idi, oenno bilang,
Maysa nga parsuana inna pinaltuad,
Uppat a pulo quet tal-lo a taoen, inna pinagbiag.

Aoan met maay quen banbanagna,
Ti banagbiag ditoy rabao ti daga;
Saan a isisu lat pagangan,
Ta agnanayon met a maimatangan.

Yti inaton pannacabalin,
Ti Dios Apo naidumat laing;
Isut maysa idi cadaguiti parsua,
Nga ti pannacabalin ti Dios! dinaydayaaonda.

Apagbassit man lat panagayayam,
Ditoy rabao ti daga nacalcaldaang,
Panagnam-ay quencuana apag-apaman,
Quet pagam-ammoan; addaytan ni patay!

Nacataltalec, ngem barengbareng,
Ni gin-aoa no agdama nga lacamen,
Yar-arig idi no agnanayonen ngem
A! dedi namnama, ta barengbareng.

Agadelantar idi ti pangadaquelna,
Daydi agtutubo nga maysa a parsua;
Parabur ti Dios impaayna quencuana,
Quet pinna-nataengan, nagtenganna.

Cadaguiti sagut ti Dios inna nilac-am,
Ti casasaad a "Asaoa", quen casasaad a "Ina",
Daguiti naruay a Annacna.

Nagtenganna, quet imatonna,
Babaen ti asi ti Namarsua,
Daydi annong naipatoldo quencuanna,
Duapolo quet aolo a taoen panagpautna.

Aoan mamaay quen serservina,
Ti panagnam-ay, panagragsac, panaggin-aoa
Ditoy rabao ti daga, lubong a napasindayag,
Ta cas asuc, amin, mapucao a agdardaras!

DANIO

No madanon idi daytoy a aldao, nacayanacam;

Idiay Santuario ti Dios a naasi, mapanca ta inca aguinanan

Ta impaayna manen a nagtengam, panagcasangay.

Iti calpasanna sumangpetca itoy balay,

Ti rupam marmaraisem gaput nalaus a yaman,

Buenas Dias, Esposo mio, ti inca caniac icablaao.

Ni, dican sa malaguip daytoy nga aldao, a patguec unay?

Sacan to idi iyaoat imam cadaguitoy imac,

Quet inutem ida, apappuem, tandat naiduma nga yaman, quen ayayat.

Apaya nga diac malaguip, Querida Esposa, toy aldao a cagasatan!

Quet cadata a dua, ti Dios, ti inna pangipaayan,

Ta ti caasi quen ayat a insangpet toy aldao, cadata a duat inna pagpaayan.

Imapaayna, pinarsuanaca, tapno sicat innac sangbayan,

Tarunaynay toy biag , ditoy daga nga paglualuaam

Pagur-urayan iti sabali, a ti Dios, inna ipaay.

Quinacuycuyogca cadaguiti innac napnapanan!

ANNIVERSARIO
CADAGUITI ALDAO A 11 TI JUNIO

Incan patay, ditoy pumanaoca!
Nadaoelca unay cadaguiti pinarsua
Ta numan pay a inca innala
Dayta capatgan cadacam a Saniata.

Pumanaoca ditoy, oh cadaoelan,
Quenca, aoan incam pacasapulan
Aoan aramidmo no di agtel-leng
Cadaguiti pinarsua a inca rangasan.

Amanganca a nag-ulpit
Ta impaaymo cadacam ni gulib
Aoan basbasolmi quenca uray apagbassit
Quet apaya, ipaaymo cadacam ni ladingit?

Pumanaoca dica agtactac
A Ari Patay naidumat dusac
Agpatengga ca cadin inca mangernad
A mangipaay cadacam iti raugas.

Ania ayat babaen quenca
Tapno ipaaymo cadacam ti casta
Isublim cadacam dayta Saniata
Nga cadacam innala.

Ta saanmo aya nga ammo no siasinoda
Daguiti pagbayadam iti utangda, o basolda,
Aoan sabali quen daduma
No daguiti inoonaan, "Adan quen Eva".

A ta gapu la iti dacami, pututda
Dacam ti agbayad iti utangda?
Dicam macaturay no casta inqueddengna
Ti Dios Apo inguet tan-oena.

Ipaaymo ngarud a ananaten
Ti panagsingirmo alay-ayem
Cadaguiti napautangam, iti dida cuma ammoen
Panagbayadda iti utang a inda tinaoid.

Ydi 10 Junio de 1908

Nangrugui ti a la una iti aldao, Miercoles 10 ti bilang,
A horas idi sumangpetac ditoy balay, Oh Ninay!
Nadatnganca iti sibay a ngatoen toy pagagdanan
Maquina ti pagdaitan iti sangoanam
Quet madama idi nga a pagtartarabajoam
Que iguiddanmo di panagcancantam
Quet nacaisisemta, cas cadaoyan, idi agperrengtan.

Yti natebbag bassit, innac imbalicas
Daytoy sao tapno iyad-addam, idi di rumagsac
Cadaoyan a saoen iti balay, no adda tumapat
Ngem agsipud ta simmangpetac a siraragsac
Daydi sao nga cayatco a saoen innac binalictad
Umologcayo apo, casta di quinonac
En lugar a, "umulicayo", cumat innac ipalaoag.

Daytoy sumaridat a cifra, isut punto dedi cansionna,
Dedi naimbag a Ina, nga in simmina
Ydi masangpetac, madamat trabajona.

Pinaicifrac quen cabsatco Felipe,
ita 24 Feb. 1915 caadana iti visita

Ragsaccot di nagabbat a nagpalpaliio,
Ti panagdadaitna casta nga corting,
Inganat iti las tres, sinubliac manen
Ti in nangoficina ta tiempona manen

O nasubliac manen ti ragragsac
Idi a las cinco rimmuarac iti oficinac
Ydi nga isut masarsaripatac
Yti calzada arubayan toy balay

Sacanto, idi nga magtengan
Horas panangrabii a las siete y median
Sinangomi ti lamesaan
Lac-amenmi ti taraon naisagana.

Amangan dedi quencuana immapay,
caano man dina inaramid, no di la itay,
Lailona, talecna quen ragsacna, panagpacpacada nan san (piman)
Ta di taraon siadda iti imac tapno ipaunegco cuman (señal)
Cas la aramid ti ubbing, ta pinidutna itoy imac, quet
quinnannan.

Las ocho y media idi yammona piman
"Madanonan ngata ti innac pangipasngay
Itoy amamotoc ta carbengan nan
Quet saganaem toy cuma daguiti maipaay."

Iruguina met idin ti nagpasical, quen
Panag-contracionna ta castat inna cadcadaoyan
Cadaguiti cascastoy intungal madanonnan
Quet a la una ti hoarsen idi macapasngay.

Amangan dedi rigat dimteng quencuana
Ta saan met a maymaysan a quita di ricrcinaenna,
Saan met a cas cadaguiti dadduma a panagpasngayna,
Ta ni Patay naquirutap, naquilubbun quencuana
Quet las cuatro ti parbangon, naoyosan ti biagna!

D U N G DUN G – A O

Caanonto ti isasangpetmo!
Ti panagsublim ton caanonto,
Ti pannaquitac caanonto,
Ita rupam naidumat ilioco.

Aoan man la panangibagam caniac
No ti tiempo casanot cabayag
Tapno iti panagginanaana di maacan,
Quet dinac iduenem unay ni pait quen rigat.

Mailio unay unayen daguitoy annacmo
Maicaoada unay unay iti adu;
Agsipud capaut ti tiempo a panagaoanmo.
Ton ano aya! cuma manen ti isasangpetmo.

Paturayda lat aglua quen agsangit,
Gaput iti ladingitda narigat a maep-ep,
Iti isisinam amangan a pait,
Ipupusaymo, inada, nga nagdariquet.

O inada ala cadi sumangpetcan,
Tapno daguitoy naulila inda maguin-aoaan,
Umaymo taripatuan ti uneg toy balay,
Ta ti caaaoanmo, macaited caicoa, madlao unay.

Siac met a amada carigco la namnamaen
Dayta echurayo, casco la quitquitqen,
Ania man a horas, bigat, aldao quen malem
Ngem ti espiritu isisut macaquita, laeng.

Ata ipapatic cas la quitquitaenca
Guistayan patinayon a bigat a masapa
Caaddac iti uneg ti maysa a balay a nalaoa
Iti suli amianan o laud, iti macaidulinam, Ina

Manipud idiay suli a innac nasarita,
Quet toy pusoc cas la itagayco cadaguitoy ima
Tapno matmataannaca, siputan, bigbiguen naca.

Tapno casco la itay masimbubuquel
Nga addacat idiay a sitatacder,
Inta ngay aoanca met no mingmingenen
Maysa nga cruz met, mabacudan
Idiay innac quitquitaen

O casta met no cadaguiti dadduma nga malem,
Um-umayac, siripenca a visitaen;
Datnganca ti cunac a umay saraquen,
Ngem anian sa idiay innac danonen
Cruz met a sitatacder iti rabao ti tanem.

MAICAPULO QUET UPPAT A PASET

Adda Masmasirib, Natantan-oc Quen Nabacbacnang Unay

Ti panagbiag ti tao mayarig iti aoan. Ta adda nga capasaran ti tooc paguel quen rigat ngem ti ragsac quen nam-ay. Quet uray nabacnang, uray calcalaingan iti panagbiag quen uray napanglao, agpadapada nga pasarenda ti nam-ay quen paguel. Dimasapul ti adu nga panagdiscurrir nga mangpanunut iti rason a mangpanecnec a mamatalgued iti nalpas a naisao.

Addaguitoy nababa unay a pagarigan a isut madanon toy nacurang a pamanunutac. (Ta diac libaquen nacurangac unay iti magao-atco, ta saanac a nagadal piman iti nangato nga adal). Dediay masirib, saana caparisan dedi adda nga siribna. Caycayatna no ad-adda pay cuma, quet saan a macatalna ti panunutna (caammoan a dediay masirib saana nga nagao-at amin a pagsiriban, ta adu nga caquita ti pagsiriban quet aoan ngata ti tao nga nagsirib a nagsiribanna amin amin.) Di ngad macatalna idi ti baguina casta met panunutna ta cayatna nga adu cuma ti quitat pagsiribanna. Nagal-la-al-la ngarud a napan iti sabsabali a lugar oenno nasnacion a in nagad-adal a nagpenpennac. Ta ania cadi quet nabacnang daguiti naganac quencuana quet iti casta saanda nga matacunan iti pirac a paggasto maipoon iti panagadadal di anacda.

Daydi ngarud anacda, quinapet ti sacqiut a napaut, sacquit a cas la pampanayan, a naalana iti caviviajena idiay estrangero quen iti cagaguetna nga agadadal uray malabes ti horas quen uray malablabes ti bisinnan (ta pasaray maaramid daytoy cadaguiti

104

estudiantes cadaguiti colcolegio) quen dedi pay met nalabes a capapanunutna maipoon iti estudio. Di ngarud nabayag napagteng quetdi daguidi pobre nga naganac quencuana (pobre macuna cadaguidiay nupay nabacnangda) ti maysa nga telegrama nga mangyammo iti ipapatay di anacda nga masirib.

Adin ti yan ni ragsac quen nam-ay itan iti dedi masirib nga nalabes ti agaoana nga maamoana cuma amin a sirib? Quen casta met cadaguidi masanicua nga agannac quencuana? Nagpapadada ngarud a agaama nga naaoanda ti ragsac quen nam-ayda idi nga adu quet naadda cadacuada nga isut naisaruno da sacquit, ut-ut quen paguel quet nagtungpalanna nagbiagda nga silaladingit daguidi naquin-anac, quet nacuncunada agsipud iti nacaro unay a ladingitda quen sangsangitda daguitoy sumaridat: "Caano man ingganat patay dicanto maliolioaanen agsipud panacaaoan di anacmi a nagbusbusan ti dong-ngomi."

Mabalin ngata a naganen a ti daytoy a naaramid pinataud ni nalabes a agaoa? Di ammo (sungbat ni nagsurat) ti dedi nga agaoa no de la quet naglabsing cadaguiti calintegan a pagayatan ti Dios, saan ngata a managan nalabes a agaoa. (No addanto macabasa iti daytoy mabalinnanto nga itden ti isungbatna – iti panunutna).

<u>Daydi natan-oc a agturay, Ari, cas pagarigan oenno</u>
<u>Presidente iti maysa estado oenno nacion.</u>

Daytoy natan-oc a agturay, tao nga nalinteg, naayat iti
panaguimbag daguiti iturayanna, quina managbuteng iti Dios;
quina adda urbanidad; quinabacnang iti panunut quen sanicua;
pangui-innayat cas pagayatan ti Dios; quinamanagtungpal cadaguiti
linlinteg a naited a alagaden; iparitna unay ti panagsadut; nainget
a mangipato iti linteg cadaguiti agsalungasing; cagurana amin a
quita a managan vicio quen dadduma pay a aramid a di rumbeng.
Adda amin quencuana a rangcap daguidi umdas a panayaoan
quencuana. Di masapaul a masarita ti caimbag ti biagnan ta
umanayen ti galadna nga Natan-oc, Agturay, etc.

Iti naminsan a caaddana iti visita iti maysa nga Estado dedi
a nacion, quet casta unay unay ti tao nga agtuturay quen saan
a in agsaludar quencuana quen casta unay met a ragragsac cas
cadcadaoyan no umay agvisita daguiti agtuturay a dadacquel, Ari
oenno Presidente ti nacion. Iti casasaadna nga agturay a dacquel
pagaamon, adu ti escoltana, autoridadaes civiles quen militares
quen tropa nga buamayabay quen sumarsaruno iti licudanna. Quet
iti panagsasabet daguiti sumangpet quen daguiti agpasungad quet
agppoponopono ti tao nga narigat a ornosen daguiti natudingan a
mangornos (guardias) pagammoan immasideg iti agturay ti maysa
nga tao nga nataraqui unay ti echurna a iti panangipasar cas
maysa nga natan-oc a mapan met maquilamano. Pagammoana
quinautna nga disimulada unay idi bolsana ti maysa nga revolver
a bassit quet pinaltoganna iti dua nga tiro ti barocong di agturay.
Nasugat daytoy quet inarayat met daguidi agtuturay a dadduma
nga asideg quencuana quet tinilioda met dedi pinmaltoguen. Daydi
agturay a napaltogan impatayna daguidi a sugat, dina naala ti
sangapulo nga horas, etc., etc.

Dedi met nabacnang, saan a masapul ti atiddug a pannarita
iti panagbiagna. Umanay ti galad a adda quencuaqna; nabacnang,

nalabit millionario. Amangan ngata a nam-ay ti panagbiag ti maysa nga nabacnang? (maysa maysa cuma ti sumungbat itoy). Aoan quencuana ti agcurang. Uray ania nga cayatna, adda nga di agcurcurang ta adu ngarud ti cucuana. Managviaje cadaguiti adayo a luglugar; aglugan iti vapor oenno tren. Conforme ti pagayatanna oenno conforme ti masapul unay iti panagviajena oenno mainugut iti casasaad ti lugar, no por tierra (daga) ti pagviajeanna oenno por mar (baybay).

Ngem apaya unay nagbassit ti tiempo nga panagnam-ay ditoy lubongen. Nacaasi a lubong! Ngarud ta dedi bacnang, iti naudi nga panagviaje iti ta-ao, amangan a quinadacsan gasat dedi vapor, oenno daguidi naglugananna ta narba. Natay iti daytoy dedi bacnang quen adu nga tripulantes.

Panunuten ita no casano ti pait a lac-amen daguiti famfamilia dedi agturay quen daytoy nabacnang. Adin ti yan quen casanot panagpaut dedi nalaus a guin-aoada idi?

Daguiti pobre, casta met nga aglacamda iti namay quen rigat. No ar-ariguen nagasgasat daguitoy ngem daguidiay immona. Nataltalna ti panunutda ta dediay bassit a adda cadacuada, maca-anay cadacuada ta ammoda piman a yan-anay. Saanda nga necesita ti adu nga panagdiscurrir ta aoan ti adu cadacuada nga pacaipayan daytoy sao nga panagdiscurrir. Umanay a panunutenda ti caadda met sumervi cadacuada iti apag-isu a macataoen; oenno innem a bulan; oenno macabulan; oenno macadomingo; oenno adda laquet sumervi no bigat. Quet adda nga sinanamnama nga ton bigat ipalubos to man ti Dios quen tapno macasaracto manen ti agservi quencuana quen familiasna ton casanga-aldao, quet casta la nga casta.

Oh! nasayaat a biag daytoy no maminsan. Mainamnama nga daguiti cacastoy ti panagbiagna, saan a adayo ti panunutda quen inanmnamada quen Ama nga napaypayso. Ta intongal mapanunutda ti adda nga casasaaadda, quinapanglao, macunada, ta casta la ngarud. "Uray quet dacquel ti caasim cadacami Apo Dios, sica ti panginamnamami iti iccannacamto a patinayon iti agservi cadacami. Aoan cam cuma nga nagbiag no dinacam pinarsua quet iti casta sica ti namarsua sica ti Ama, sica ngarud ti mangted iti taronmi iti patinayon a aldao."

Ag-lacamda met iti rigat, istay no patinayon, agsipud iti cacurang ngarud ti sumervi cadacuada. Ngem daytoy saan a managan dacquel a sufrimiento cadacuada ta ruamda pimanen. Isuna la nga pacaricnaandanto inton masaquitda oenno masaquit daguiti naganac cadacuada, oenno matay daguitoy quet matda danton a nacacaasi ta aoan ton ti agtrabajo oenno mangued iti taraonda.

Ngem nupay casta manangngaasi ti Dios, ta aoan pay nadamag ditoy Filipinas, (no di adda met la ngata) a natnatay iti bisin gaput pannacaulilada, ta ti Dios itedna ti arayatna por medio daguiti parsuana met laeng. Bendito ti Dios!

****Nota: Agsipud iti capardas ti panaguisuratco, pagammoan guibusac oenno ituquencon ti sarita nga madama, quet iruguic oenno ruguiac manen ti sabali a sarita. Cas naaramid cadaguitoy saan pay unay nabayag a nalpas, a isu ti pacasaritaanda Natacneng, Agturay quen Nabacnang, quet isu daguitoy ti tuluyna.

Aniat nacaipoonan a namaltogan ti maysa nga tao idiay Agturay? Aoan sabali nga nacaipoonanna no di iti adda nga casasaadna, tan-ocna quen quina agturayna. Mabalin a ti nacaipoonanna (maulit) cas mabasbasa nga sadiay nasnacion daguiti purpurao, adda can quet daytoy mabangbangon a sociedad secreta nga ti can gandat quen sigpenna, pucaoenna cuma oenno papatayenna amin a tao nga nasayaat ti posision o nasayaat ti panagbiagda; agturay, natacneng quen nabacnang. Quet daguiti can sumbrec dita nga sociedad, bin-ig a tattao nga dacques. Marigrigat ti panagbiagda agsipud iti sadutda nga agtrabajo, managvisvicio, mannanacao quen mammapatayda quen nacurang oenno saanda nga ammo ti agbuteng iti Dios.

Naaramid a no can no adda panguep da nga in ranggasan, matiptiponda can amin a sangcaguimong (sociedad) quet rifaenda no siasino cadacuada ti in-mamatay idiay panguepda nga pucaoaen. Quet itinto can macaala iti suerte isu can ti in mamapatay. Matungpal daytoy nacaarariec a aramid, matilio dedi napapatay, no dina pay naona nga iniccat met ti biagna. Masumaria quet ipudnona ti inaramidna. Aoatenna ti sentencia nga naiqueddeng – pannacabitayna, ngem dina quet cayat a pulos a ibaga ti nagnagan daguiti cacaduana idiay a sociedad quen lugar a pagoornonganda. Saanna nga inlibac ti quinaaadda dedi a guimong quen ta isu maysa met a personalna.

Mabalin met, a ti poon a nangpapatayanda idiay agturay, daguiti met laeng nasayaat a uritna. Ta agpayso nasayaatda unay ngem maibusur cadaguiti daques ti panagbiagda oenno daguiti siadda iti dediay naisao a guimong.

TI INA

Ti maysa nga ina nga nadanonan annus quen ayat daguiti annacna nga nagrigrigatanna unay manipud pay iti uneg ti tianna. Quinarcargana piman nga casta a dagsen, quet iti panangyanacna casta unay a rigat ta isaldana ti biagna nga cuna ti agsasao. Quen maconcona pay unay a intunggal panaganac ti babai padaanan daytoy ni patay. Calpasan daytoy panaganacna pasarennanto ti mano nga aldao oenno mano nga bulan ti casasaad a quina-masaquit. Conforme ti maitompong a pasaren daguiti aganac ta dimet padapada ti casasaadda; adda saan unay narigat, adda carcarigat ti dadduma quet adda met daytoy narigrigat pay quet adda met daytoy narigat la unay unay, quet adda pay daytay di macalasat iti rigat quet matay.

Amangan a carigat ti pasaren ti agtaguibi, inruguina iti damona nga mangipacumnot iti sosona quen anacna. Amangan a panagpuyat quen panagquettangna ta nupay dina pay cuma rebbeng ti agbangbangon gapu iti estado oenno casasaadna nga nabiit pay unay naganac, mapilpilit la unay piman a bumangon tapno pasosoenna ti anacna aglalo no daytoy bassit adda capaspasigna. (Malacsid itoy a pacarigatan daguiti nabacnang iti panagbiag ta di pagduaduaan ti caadda amin a masapsapulda quet iti casta saanda nga mapilpilit a aggaraogarao.) Quet ton mangrugui nga ipaquita ti ubing daguiti omona nga panaguisisemna, casta unay ti ayat ni inanan quet agyaman piman daytoy caasi ni Apo Dios a impalac-amna cadacuada nga agina.

Tuman-ay a tuman-ay ti ubing quet umad-adda met a umad-adda ti ragsac quen yaman ni inana. Mangrugui ti ubing nga agpacleb castanto met iti panagtugao; castanto met ti panangrugui na nga mangibeccas itay omona nga balicas ti ubbing: "Mam-mam-ma," "Nan-nan-na". Casanon sa ti pagpatinggaan ayat ni inana! no castoy ti ipaquita ti taguibina. Ta quitquitaenna nga tuman-ay dayta ubing quet adayon iti peggad a pasaren daguiti cayan-anac. Nacatugao ti ubbing iti suelo quet sisasacmul cadaguiti ramramayna oenno daculapna oenno ania nga abalbalay a inted ni inana tapno adda ay-ayamna. Agpugpugtit ti ngioatna quet no saan ti ayayan ti ngioatna isu didiay pagdadamoan ti ubbing a ibalicas: "Mam-ma, nan-na", quet no saan ngarud umirair iti sangitna.

Ibbatanto ni inana ti ig-iggananna, gorra, lampin, oenno bado toy ubbing a orornosenda, cupcupinenna oenno sursursiranna. Asitganna nga siaayat quen siu-ucrad daguiti tacquiagna quet aracupenna nga sipoponnot' ayat ti maladaga nga anacna, agca-anna iti mamin-ad-adu sana inuten a cas na la mesmesan a isimpa nga naliaing iti barucongna tapno pasosoenna quet sananto cancantaan oenno dandanioan (duduayya).

Ibaetco a ipalaoag itoy ti maysa nga sarita isu nga mabasbasa cadaguiti Santos a sursurat: "Ti posision oenno hechura dediay a ina, nasaon, nga: "inna iwacrad daguiti tactacquiagna sana inaracup ni ayayatenna nga anacna", maipalaguip dedi posision oenno hechura ni Apotayo a Jesucristo idi silalansa. "Siuucrad daguiti tactacquiagna tapno aracupennatayo, ta annacnatay piman, cas ipapati daguiti Santa nga sursurat. Ympatlina ti baguina iti basoltayo quet insalacannatayo. Pinatotooc quet pinapatay iti Santa nga Cruz a isut pinanubbotna iti basoltayo, tapno aglac-amtay quencuana iti Gloria, no agsingpettayo.

Amangan ti iyaman quen ragsac ti ina no maquitana ti maladagana nga agsursuro nga agtacder quen agaddang; quen amangan met a sen-ayna no ti maladaga maitublac oenno matumba iti panagararaddangna. Aracupennanto manen a silulua, ag-agcanna quen sapsapuanna tapno maay-ayo ti ubbing iti panagsangitna. Ti ubbing no mangapun a ammona nga imdangan

111

ti isuro nga itudtudo oenno isenseñas ni inana, mangrugruguinto met daytoy a mangisursuro quen mangitudtudo iti ngato, idiay langit quet conconana: "quitaem anacco, diay langit diay yan ni Apo Dios. Apo Dios! cunam, ta isu ni Apo Dios ti caimbagan. Ysu ti namarsua cadaguiti isu amin amin; isut namarsua cadatayo." "Nga saanmo a maquita anacco nga idi, oenno itay saan pay nabayag aoanca pay laeng. Quet siac a inam diac impaspasar a sumangpetca pagamamoan quet sinmangpet quitdi caniacon; di pannacapuut a sica dandanica tumaud quet timmaudca quet ngarud a agpayso?" "Asi quen pannacabalinna isut nagtaudantayo, isut nagtaudam." Sarsarita di ina, sarsarita nga di ma-aoatan ti anacna nga maladaga. Ngem nupay no casta ul-ulitenna laeng ti panagsarsaritanna, di maca-anano quencuana ti di pannacaaoat di maladaga tan ngamin daguidiay sarsaritana nagtaudda iti nagpaiduma nga panagyammona (agradimiento) quet pagaammona met a daguiti sasaoenna a di maaoatan di maladagana, adda sabali nga agdengdengngeg a umim-imdaang; quet ddaytoy saan a sabali no di ni Apo Dios.

Dumacquel a dumacquel ti ubbing quet ni inana nga maayatan iti casta, adda idi nga sipapanunut quen sidadaoat quen Apo Dios tapno mapudnoanna cuma ti mangisuro quen mangidalan idi cabarbaro nga parsuana nga madama nga tuman-ay, parsua nga incumitna quencuana.

No macariing iti agsapa dedi ina, quet aglualo nga cumarcararag quen Apo Dios cas patinayon a aramidna, nangrona cadaguiti horas a panagbabangon quen panaguidda (iti agsapa quen iti rabii) adda cadaguiti tactacquiagna a di taguibina, malacsid no daytoy siadda nga marnecan iti turog.

Isungsungto met di ina ti panaglualo quen panagcararag daguiti dadduma nga annacna a daddacquelen quet inda met maquimisa no madanonan ti horasna. Calpasan ti panaglac-am iti taraon iti bigbigat ibaonanto ida iti escuelaan, castanto man no malabes ti tengnga ti aldaoen, quet isungsungnanto man ida nga aglualon iti rabii nga dandani panguinana oenno pananaturog.

Siaadda ti ina iti naiduma nga panaguiyaman. Naragsac ti naquemna no quitquitaenna nga palpaliioen a dumacquel a dumacquel daguiti annacna quet sa laeng adda quencuana ni salimococ quen dandanag no adda madanonan iti saquit cadaguiti annacna, oenno ni asaoana oenno isu nga mismo. Padpadaanannan quet cas na la quitquitaen ti panaglac-amananto iti mabayag a aldao, iti guin-aoa. Isu nga mauraynanto cadaguiti annacna nga nagrigrigatanna unay. Siguigui-aoan nga agpalpali-io cadaguiti annacna, cadaguiti adda nga iparangda nga cabaelanda, quinatacneng, adal, oficio, quen quinalaing; nasaysayaat a panao, nasayaat a posision ti panagbiagda.

Mientras siadda iti daytoy a casasaad dedi naimbag a ina, mangrugui cuman idi nga sumbrec nga aggosar iti nanamnam-ay bassit a panagbiag ta napadacdacquelnan, napaaddaan naquem oenno napaaddalnan, quet naaddaandat pagsapulan, nasayaat a oficio oenno casasaad. Quet macatulong quencuanan daguiti di naaddaan oficio, daguidi annacna a ina-oanan quet malasatna met ti tiempo nga panagtagtaguibin. Pagammoanaan mapasangpetna quitdin ti maysa nga saquit a napeggad a nupay no naited oenno naipaay daguiti agagas a tumutup di la nacalasaten quet natay la pimanen calpasan ti bassit a aldao oenno bassit a horas a panagrigatna.

ITI AMA

Ti maysa nga ama nga naragta unay iti panagbiagna, nagaguet, nasalucag quen nasuquisoc unay ti panunutna maipoon ti ayatna mamarang-ay iti panagbiag ti familiana. Tao nga manarabajo unay uray idi baro pay. Pagtrabajoanna amin nga horas, uneg ti balayna, inaladanna, bangcagna quen taltalonna no horas la quitdi nga adda laoag quet uray pay no aoan daytoyen ta nalpas a limnec ti initen isublatnanto man daguiti sabali a trabajonan nga mabalin a silaoan ti lampara iti uneg ti balayna. Quet daguiti horas a panaguinana nangrona iti pannagturog ti panagsardengna nga agtrabajo laeng. Quet iti ngarud adda familianan ad-adda manen ti gaguetna quen regtana quen casuquisoc ti panunutna nga aguioayat cadaguiti rubbuatenna nga ipacat, pannagna ti aramid a panagtrabajo, panagtartaraquen quen dadduma pay a masapsapul nga aramiden maipanguep iti panagrang-ayan ti haciendana oenno daguiti pagsanicuaenna. Masapul a yadadda unay ti panag-agaoa, conconana nga agbarbarsac, ta castoy nga agsangpet nga agsangpet daguiti ipaoit ti Dios a icumit cadatao (umadu nga umadu daguiti annac castat cayatna nga saoen). Masapul a umad-adu met ti agservi, taraon quen pagan-annay. Pues naimbag pay laquet bassit itay ta babassitda pay ngem inton macadacdacquelda ad-adunto pay ti masapsapulda; ti pagpaadal (a pirac) quen paggatgatang cadaguiti masapsapul ti agadal cas cadguiti libro, alalicamen quen paganaanayda nga maitutup iti casasaadda. Casta met ti masapsapul daguiti dadduma nacadacdacquelan a nupay saanda nga masapul ti mapan agadal, iti adayo a lugar no la quet itoy laeng masapul met a cascasdi a quitaen ti maitutup cadacuada. Daguitoy ti discurriren a masansan dedi Ama quet buyuganna iti panaggunayna.

114

Naiccan daytoy iti casasaad oenno oficio cas maysa nga maquipag-ili. Nagservi ngarud a situtuddio iti ili a nangisasaad quencuana quet managtungpal unay iti annongna ta no la quet madanonan ti horas a iseserrecna iti oficina ti balay ti ili, mapanen a di quet agtactac. Nupay no casta no cadaguiti horas nga antes ti las ocho iti bigat isut panagserrecna, addan naaramidna nga trabajo manipud ibabangonna iti agsapa, oenno iti bayat dediay panagbabangon inganat las ocho, cas naisao. Nalpasna idin ti ipapanna idiay aoay oenno idiay tal-talon oenno navisitanna idin daguiti anananimalna. Manipud malpas ti caan a las doce iti aldao horas a isasangpetnat balayda inganat iti a las dos (no dadduma pasaray las tres) a sumbrec manen, adda man la bassit natrabajona idiay balaydan. Quet casta met a no sumangpet iti malem malpas ti las cinco umaoayto manen quet no di umaoay adda man la matrabajonan idiay balaydan.

Casta nga casta ti biag dedi nagaguet quen nasalucag nga ama, quet contento unay unay. Maayayatan unay no quitquitaenna ti pacatipunan ti familiana nga isu ni asaoana quen annacna nga naoad-oad met la bassit ti dagupda. Quet adino man ti yanna uneg ti balayda, oenno idiay pagsersercanna nga oficina oenno idiay aoay siaadda quencuana daguitoy a pampanunut: Amanganto ngata ti ragragsac quen nam-ayco no agbiagac iti napaut a taoen casta met ni asaoac quet palpaliioenminto daguiti annacmi a nacadacdacquelanton. Maysa maysanto mangiparangiti cabaelanna quen madandanon ti gasatda. Tungal maysa cadacuada addanto daytoy rummuar a nalaing, addanto calcalainganna, addanto nasarioaoec ti panunutna iti castoy oenno casta a paglaingan, addanto nagaguet, addanto met calcalainganna, quet addanto met ngata nasadut? Yadadayom cuma Apo ti castoy a gasat daguiti annacco oenno uray maysa cadacuada, yadadayom Apo.

Imbaonna ngarud iti colegio ti maysa cadaguiti annacna a dadacquelen. Ydi sumuno nga taoen ibaonna man di maysa quet impanna daguiti cabaelanna maipoon iti panagadal daguidiay, ta

115

cas conconana idi nga: "ipacatconto amin a ag-agaoac nga agbiruc iti sanicua nga isuntot paggapuan ti taraon daguiti familiac, nangnagrona nga pacasapulacto ti panagadal daguiti annacco. Ta no ipalubus ti Apo nga adda gasgasatda quet mairuarda ti nasayaat a carrera, maragragsacannacto unay nga agpalpaliio cadaguidiay annacco nga napan nagadal". Casta ti napaquinaquem a nagsigsigud dedi nga ama maipanguep iti panangisagutna cadaguiti pututna tapno casta la maigloria a cuna ti sao no maquitana daguiti annacna nga naggapu iti pagadalan quet nagun-udda ti titulo a naitutup iti nagtenganda nga inadal, quet iti casta taodanto nga natacneng quen madayaodayao cadaguiti ac-acto nga uray ania man. Quet ta tapno adadda pay ti di panagcurang daguiti pirpirac a ibaonna cadaguidiay pagadalenna nagparebengda pay oenno tinimtimbangda ti naggasto idiay balayda cas maitutup a aramid daguiti dadduma gapu lat iti ayatda nga dida matacconan oenno macatacatan iti samina.

Iti dedi nga panagbiagda nga mas bien, no saritaen a nalaing. Naggasgastoda iti napipia bassit maipoon cadaguidiay pagad-adalenda ngem saanda quitdi nga napapanglao ta nabacnangda met. Napalabas ti tal-lo nga taoen; nagtallo nga taoen idiay Colegio ti maysa a dedi immona quet nagdua met idi naud-udi. Dimteng ti daques a gasatda ta natay dedi ama nga casta unay naguimbag daguiti uritna iti familiana.

Yangem daytoy a palpalaoag cas la maysa laeng a sarsarita nupay no maipadpad ti realidad, oenno adda nga maararamid, balbalioac ti mangiparang oenno mangidemostrar iti sabali a cuadra, oenno sabali a pannarita nga isu daytoy sumaridat quet saan nga ama daytoy masaritan no di quet ina.

Idinto nga dedi naimbag a ina rugrugguiannan ti agnam-ay ta ti maysa cadaguiti annacna nga napan nagsursuro o nagadal, (saan quet a maymaysa idin no di quet tal-lodan ti naoficioan oenno sipipirmi iti pagsapulanen quet dandani sumaruno man daguiti dadduman) nadanonan quitdi iti patayen dedi nga ina nga casta unay ananusna quen ayayatna cadaguiti annacna quet maurayna cumat idin ti agnam-ay.

TI PANAGBIAG TI TAO MAYARIG ITI "AOAN"

Pudno nga mayarig a aoan, amin a adda nga nam-ay quen imbag ditoy lubong, no iti nababa unay a pamanunutan toy agsurat.

Saan a masapul a pagsammaguedac itoy a panagcunac daguiti nanomo quen aoan or-ornosna nga nasaritac ngem ipalaguipco pay quitdi ti isu nga adda nga maquitquita-tayo, mapalpali-iotayo, quen madamdamagtayo nga casasaad ti panagbiag ditoy lubong quen tungpalna no saoen. Uray casta masaguidco met laeng daguidiay quinonac nga insuratco; casasaad ti panagbiag daguiti natan-oc, nabacnang, napanglao quen casta met daguiti amma quen inna.

Aya unay ti panagbiag ti natacneng quen masanicua no cadinana daguitoy ti aglac-am, ta cas cadaoyan ti manasao, casda can la di matayen; casdacan la agnaynay ditoy lubong a silalac-am cadaguiti quinabacnangda nga aglaplapusanen. Aoan ti agcurcurang cadacuada, uray ania nga quinanamay ti cayatda nga lac-amen mabalinda amin. Mabalinda met ti agayat quen mangaasi cuma cadguiti napanglao no cayatda, ngem daytoy manmanon sa met. No daguitay ngad nabacnang unay (mayatiddogco bassit nupay diac panguepen ti aglabes iti pannarita) maquitanto nga agpaspasiar a silulugan iti caruaje a casta unay pategna a guinuyod ti pareja a cabayo a casta nga pintas quen lucmegda. Casta met a nacapinpintas ti echura tay cocherona quen daytoy aglugan itay cutit tay lugan ta nacavistida iti nasayaat, aoan lat dumada iti echura daguitay comediante. Quet napayos pay daguitoy cochero dinto cad quetdi napayos daytoy apoda nga

118

siluluganen? Oen napayos la quitdi nga iti echurana idiay uneg
ti lugan insadagna ti baguina inyaringquing, imbanniquesna ti
maysa nga imana quet agpaypayobyob iti tabaco nga ti calidad na
daguitoy canginginaan.

Narigat a maul-uli ti balbalay da ni di la daguiti cababaguianda
nga asideg quen daguiti patpatguenda nga gagayiem ti macauli.
Macauli met daguiti napanglao ngem narigatda a maguiddato
oenno mapittal ti yuulida no dadduma. Ngem daytoy aoan sabali
nga pacaipoonanna no saan a daytay cuna nga panagraem iti
bumalay; distinction oenno guiddiat a maited cadaguiti managanan
a natacneng maipoon iti sudi nacapututan iti quinangato ti adal;
iti quinamasanicua oenno iti quinaturay, etc... etc...Ngem ton
matay daytoy masasao a natacneng sadin ti yan dedi quinatac-
nengnan?

Casta met ni napanglao a nupay aoanan iti sanicua no di
apaman la ta adda umanay a agservi iti uneg ti macataoen oenno
agpacarigat a umanay iti baguina quen familiana. Oenno aoan a
pulus ti aniaman a sanicuana ta tao la nga mangmanggued iti
inaldao (daydiay immona nga naipalaoag a nacuna, apaman la ta
umanay agservi iti macataoen oenno agpacarigat pay ti adda nga
cucuana, isu ti panagbiag ti maysa nga napanglao a trabajador iti
daga). Daytoy oenno daguitoy, lac-amanda met ti nam-ay nupay iti
panunutda laeng ti agnam-ay, saan a ti bolsada oenno ti caadda
sanicuada ti pagnam-ayanda. Gaput iti caradcadda, casayaat ti
cadcadaoyan quen quinaamo daguiti assaoada casta met cadaguiti
an-annacda, nasaysayaat a pannao, naurnosda unay, nagaguetda
unay, a nupay quinapanglao ti adda cadacuada mayarigda met
la a nabacnang gapu cadguidiay naisaon a cababalin. Ammoda
nga itultultup ti adda cadacuada quet ammoda ti agtrabajo iti
panulongda idiay amada; managbutengda quen Apo Dios quen
ammoda ti maquipatad iti padada a tao. Daytoy a quita oenno
casasaad ti panagbiagda ipaspasarda a quinabacnang ti adda
met cadacuada, aglalo daguiti saan a aguem quet capnecanda ti

119

adda nga casasaad panagbiagda quet ammoda nga ni apo Dios isu mangted quet isu met lat paguiamanan quen pagsubalitan.

Dedi Ama quen dedi Ina nagananda nga nay-ay dedi nga casasaad ti panagbiag quet ipaspasarda nga agpaut iti mabayag a tiempo oenno agnanayonen dedi nga guin-aoa quen nam-ayda; ngem amangan a quinacacaasi toy naulbud a lubong ta dimteng ti aldao quen horas a paguinggaan ti panagbiag, dedi nga Ama. Pimmusay piman ditoy lubongen quet pinanaoanna daguiti nacacaasi nga asaoa quen annacna tinartaraonanna iti nabayag a aldao iti ling-etna. Maipaay a panunuten ita no casanot panagbiag daguitoy nacacaasi nga ina quen annac a naulila ta aoan met piman dedi amada, nga isut sangguirda.

Sadin ti yandan! Daguidi namnama, dedi naanus, naayat quen naasi nga ina nga casta unay rigrigat gapu ti panagpataraunna cadaguiti naguibusanannat ayat quen dongngo nga annacna. Namnama iti panagnam-aynanto nga aglac-am iti guin-aoa gaput iti pannacalasatna cadaguidi adu nga rigrigat iti panagtagtaguibina quen pannacaurayna iti idadaquel daguiti annacnan. Namnama nga aoatennanto daguiti ayat a ipaayto quencuana daguiti annacna nga aglac-amen iti imbag, nasaadanen iti nangato oenno calcalaingan nga oficio nga nagun-odda iti panagadalda. Namnama nga aoatennanto ti ay-ayat a ipaayto quencuana daguiti mamanugangna. Naquitana nga mapalpaliio ti nasayaat a timpuyog daguiti parejas oenno agaas-saoa, (annacna quen manmanugangna) caornos ti panagbiagda quen uneg ti balbalayda. Namnama nga aoatenna ti isasarungcar daguiti annacna, ivivisitada quencuana no madanon daguiti aldao a Domimgo naipangpangrona unay no madanon ti aldao a panagcumpleañosna. Namnama nga maquitananto daguiti appocona quet carcarinoennanto ida nga ay-ayyamen, quibquibinenda ton madanonen ti quinabaquet.

Sadinot yandan daguidi nga namnama! Oh! nacacaasi unay a lubong, nacacaasi nga panagbiag. Sadinot itan ti yan dedi namnama. Oh patay a inguet daoel! Ta inca man quineltay dedi nga namnama nga siadda iti panunut dedi nga ina. Dacsan gasat ti panagbiag ditoy lubong, ta di man naipalubus lat bassit iti sumagmamano nga tiempo ti panagpaut ti biag dedi naanus quen naimbag a ina tapno nilac-amna met cumat bassit daguidi dardarepdepna nga isu ni namnamana nga palpaliioennanto, concontemplarenanto cuma ti casasaad cuma manen daguiti pinataudna nga bunga ti pusona. Bunga daguiti ayan-ayatna quen bunga daguiti adu nga rigrigatna, bungbunga nga dina matucud a panunuten ti no casanot pannacablin ti Dios a nangted iti biagda quen cararuada quen panamuquelna cadacuada iti uneg ti tianna. Quet iti pannacadanon itoy a sarita, ipalaguipco ti sao dedi Santa nga ina daguidi pito nga agcacabaneg agcacabsat a pasig a lal-laqui nga natayda nagmartir. Saanda nga nainot-inot no dida quet masarsaruno nga di nagtal-lay, quet adda nga sibubuya nga mamatpatalgued cadacuada dedi nasao Santa nga Inada, nga namartir met calpasan pannacamartir daguidiay annacna, quinonana: "Diac ammo no casanot pannacabuquelyo iti unegco ta saan a siac ti nangted iti cararua quen biagyo; quet casta met a saan a siac ti nangaramid iti bagui tunggal maysa cadacayo" (Macabeos. Lib. II. Cap. VII V. 22.)

Casta met dedi nasalucag, naragta, nagaguet quen naimbag unay a Ama. Impaayna amin a cabaelanna maipoon iti irarangay ti panagbiag quen panagbiag daguiti familiana. Aoan dinadaelna nga tiempo; ammona nga inilalaan, ammona nga guinuar ta saan a nagpampamayan no dina quitdi inaprovechar amin.

Sangayen ti nagpaiduma nga ayatna nga saanda nga matacadan iti sumervi cadaguiti familiana no di quitdi agsobsobra laeng ta nabacnang ngarud sa quitdi nagaguet quen nasanoaoce unay ti panunutna. Maipangpangrona quen adadda pay panagaggaguetna no panunutenna ti panagadal daguiti annacna; ta piman aoan sabali oenno nangrona ngem amin a pagagaoaan daguiti nagannac no di iti panagadal daguiti annacda. Tapno iti panagadal a casta maammoanda cuma no casano ti Dios no ania ti namarsuaan iti Dios iti tao; no ania daguiti bilbilin a tungpalen daguiti tao ditoy daga; no ania daguiti linlinteg a tungpalen deguiti tao ditoy daga. En fin magaoatda cuma nga maammo daguiti naimbag a caipaayan ti panagadal tapno iservi ti inadal ti ili, eonno naimbag a pannao iservi iti bagui quen iservi met a ipaay iti pada nga tao no masapul. Ytedna ti quinatacneng quet parnuayen o pataudenna iti panagbuteng iti Dios ta cuma met daytoy adaguio nga: "El principio de la sabiduria es el temor de Dios." No ilocoen: "Ti panagbuteng iti Dios isut poon ti sirib".

Sadin ti yan dedi namnama nga dardarepdepen dedi naimbag a Ama itan? Aoanen quencuana ta saanna met piman a nauray ti idadacquel, itatan-ay daguiti naquib-ibusannat iti ayat nga annacna. Dina nauray ti banag panagadal daguidi annacna nga imbaonna iti pagadalan. Ylala pay daguiti nga namnama. Nacacaasi quen dacsan gasat a panagbiag ta ad-adda man pigsa quen pannacabalin ni patay ngem iti inanama, nam-ay, ragragsac quen amin a managanan paguimbagan ditoy aoan serservina nga lubong. Daga nga pagluluaan a agpayso unay. Saan a mabalin a patien nga ditoy yantayo, daga nga pagnam-ayan ta saan a mabalin a pagnam-ayan iti nam-ay a agpaypayso quen agnanayon; pagarigan daguiti adda nga paspasarentayo quen daguiti met maamuantayo cadaguiti damdamag maipoon iti panagbiag quen tungpal toy panagbiag. Natay ngaruden dedi Ama quet saanna nga nauray ti banag daguiti inanamana, yal-latio pay cadaguiti napanaoan. No nacaladladingit ti ipapanao daguidiay immonan isuda nga nasarita, nacarcaro ti lac-amen daguidiay napanaoanda nga familiasda. Daguidiay natay saanda nga nacaladladingit ta nataydan quet aoan bibiangda; aoan am-ammodan ditoy lubong, quet ti biagda nga idi matay a isu iti cararuada addadan iti nacaidisdistinoanda nga inqueddeng ni Apo Dios. Quet iti dida panagpaut, iti dida pannacauray iti panagurayda nga lac-amenda nga imbag, isut ipapanaoda cadaguiti dongdongoenda unay a familias. Ysut managanan nacaladladingit; quet iti nangnangrona nga nacaladladingit, daguiti met laeng napanaoanda familiasda.

Cas iti pananginanama daguidiay natayen, idi sibibiagda pay nga aglacamda iti nam-ay iti agpaut oenno agnanayon cuman, iti sidong oenno arpad daguiti capapatgan cadacuada ditoy lubong a isu daguiti assaoada quen annacda, casta met laeng ti namnama nga adda cadaguitoy idi, idi adda pay a sicacaradcad cadaguidiay, dida isucsucat pateg a amada, oenno inada oenno asasaoada oenno cabsatda.

Aya unay naguimbag no cadama ni caradcad, sanicua, dayao, taquem quen dadduma pay a gungundaoay a ited ti Dios cadaguiti parsuana nga tao, ta cas la agnanayon laengen, quet aglal-lalo pay daguidiay maud-udi a simmarono idiay immona unay (gungundaoay) ta pasaray pay quet no dadduma daguidiay a gundaoay macaited iti panaglabes cadaguiti pada nga tao quen iti pay met Aputayo nga Dios isu nangipaay cadacuada.

Cas la di matay daguiti dadduma, cas da agnanayon ditoy lubungen cas la aoan capadpadadan, cas la aoan ti Apo Dios cadacuadan ngem bay-an daguitoyen a pilao ta casta laeng ti pada nga tao aglal-lo daguitoy pada nga nacurang ti sursurona a naimbag.

Ammangan a panagdayao quen panagraquem cadaguiti tao nga ayan ni tacneng a isu da quinaagturay, quinaadda casasaad a nagun-udan iti panagadal, quen namotosan quencuana ti ili. Quinatacneng ti nacayanacan quen quinaadda sanicua aglalo no napacuyugan daytoy iti adal; ta no aoan daytoy saan unay nadayao ni sanicua. Panagdayao quen panagraem a maited gaput iti isuro ti urbanidad a agcuna nga dayaoen ti pada nga tao quet naipangpangrona pay cadaguiti lallacay quen mamasirib. Adu daguiti dadduma pay a rebbengna nga itden cuma cadaguidiay naisaon, gungundaoay a tumutup cadacuada gapu iti quinatacneng ti adda nga casasaadda.

Amangan met a nagdacquel ti pammadayao a calac-aman daguiti Amma quen Inna, pammadayao a itden daguiti annacda

123

quen daguiti pay met sabali nga tao a mangdaydayao cadaguiti naimbag a araramidda ta ammoda nga ilugar daguiti annacda quen ammoda nga agpatulad iti cacasta nga aramid cadaguiti padpada nga tao. Aglal-lalo pay no daguiti annacda nga pinaadalanda addadan nga sisaad quen maipaquitadan iti ili ti caadda nadanonan a sursuruda.

Ngem ania daguitoy a pannacadaydayao nupay tumutup ti pannacaipaayda, agbalinto amin nga "aoan" ta di met mabalin a agpaut. Naulbod toy lubong ta no agdama ti imbag cas la ipaspasar a agnanayon a laclac-amen; quet daguiti mangipapasar iti quinaagnanayon dediay, isudat maulbud.

Iti caadda nga sidadama ti tao nga aglaclac-am iti nam-ay, pagammoanna mapasangpetnan ni Ari Patay, a ti echurana cas ipinpintada (ngem seguro pinta laeng) nag-abito iti nangisit a nacalaolaoa quen nacagay-gayad. Ti rupana enteramente nga bangabanga, daguiti ramramay ti im-ima quen sacasacana tultulang laeng a naca-cuccuen; quet inigamanna cumpay a dacquel agsangabara caatidugna. Alaenan, iccatennan ti cacaisuna a biag diay tao, quet aoanen manungpalen ditoy lubong (ni Apo Dios isut manquinaquem ti ipapatay.)

Sadinon daguidiay nam-ay
Sadinon daguidi quina-tacneng;
Sadinon daguidi sanicua,
Oh lubong! sumungbatca man.

Aoanen, manungpalen ti biag; sadino itan ti yan daguidi pannacadaydayao, pannacaiguidguiddiat quen ramramen; ragragsac, fifiestas a indatdaton impapaayda quenca cas maicari idi quinatacnengmo, quinaturaymo quen quinadayaomo. Aoanen dica masublian idan itan ta nalpascan a natay, nalpas can a dimmaya inturayannacan ni patay quet nagpulangcan quen daga.

Tao idi nga madaydayao maipoon iti caimbag daguiti aramidna; ta naasi; naayat iti capadana nga tao; idi panagturayna naicari nga nanaganan iti "Auteridad Ejempler" iti panagana na iti familia "Padre de Familia Ejempler" iti quina managayatna cadguiti pobre, inaganda iti "Protector de las Pobres" quen adu pay a pacasararitaanna nga nasayaat. Ngem idi natayen, malaglaguipda pay met idi nabibiit pay, ngem idi mabaybayaguen aoanen ti macalaglaguip quencuana malacsid daguiti familiana quen napudpudno nga gagayiemna.

Daguitoy isudat ananay ti panagbiag itoy nacacaasi nga lubong, naulbud quen nailunud. Ni patay yegna ni taguilipat, borrarenna nga punasen dedi tugut dedi napanen oenno daguiti araramidna, gapgapuananna idi sibibiag pay; quet casta ti tungpal ti tao, quet pagtungpalanna nalipatanen a enteramente dedi casta nga nagpateg, nagsudi, nagimbagan a tao.

Nacacaasi nga panagbiag ditoy lubong!

MAICAPULO QUET LIMA A PASET

Bayat ti Nacurang Bassit a 60 Años

Saan a ipasar a maysa nga historia daytoy no di maysa nga apura a pangyugudac oenno pangisuratac cadaguitoy a nabinnatog, sumaridat:

Ababa man unay oenno bassit man unay a tiempo ti pagnaan ti nacurang lat bassit a inem a pulo a taoen, ngalay ti taoen 1844 quen rugui ti taoen 1904.

Dadduma oenno iti caaduan a insursuratco itoy a cuaderno oenno libro, isuda daguiti parte oenno an-anay ti nanomo nga panagbiag quet cayatco nga ulitan a yugued manen iti abab-baba pay a panarita ngem iti idiay immonona.

Idi 5 de Diciembre de 1854 inpalubus ni Apo Dios a impasngaynac dedi inac (Dios ti mang-gloria quencuana) quet idi 1862 isut isasangpet ti puutco oenno tanda-anco. Nagsayaat a panagbiag dedi ta aoan ti panpanunuten, aoan pacadandanagan mabalin unay a naganen iti nainocentean a panagbiag, nupay no ammo idin (nupay apagpaman pay laeng) a lasinen ti naimbag quen daques; tiempoc nga agsursuro iti basa quen surat idin. Ydi 1866 isut pannacaulilac iti Ina bulan ti Octubre quet idi Noviembre quinayat dedi amac a intednac iti Padi nga cura idiay ilimi, Tagudin, (Fray Geronimo Rubio) isu nga nagserviac quen nangaoatac iti bassit a sursuro nga nainayon iti nasursuroc iti escuelaan, quet natay daytoy a padi iti Julio de 1869.

Simmangpetac idi balaymi quet en lugar a innac tuluyen to nga agadal cas tarigagayan dedi Amac, saanco tinungpal ngem nagdaoatac unay quencuana iti saana nga ipasar a suquirco a di quet ipalubusna cuma quitdi ti icacapetco iti trabajo ti daga isu nga nupay no madi cuma nga iti trabajo ti igannac, en lugar a mapan agadal, impalubusna met laeng agsipud iti arad-adco. Ynigganac ngarud ti trabajo iti daga panagtalon quen panagbangcag quet naricnac a nasayaat. Maicadua nga oficio iti daytoy isu ti quina - maestro particular iti dediay a barrio nagtartrabajoac. Daytoy a barrio tal-lo nga caquitat pangnaganan "Dardarat", "Caberabidan" quen "Lico" ngem nasalsaldit met a pangaoag idi gapu iti escuela, "Dardarat" (quet dedi balaymi sadiay a isu met la ti nangescuelaancon. Aoanen di balay quet dedi nagsaadanna inaramidda a Campo Santo quet madama nga agservi ita, cas nacaicarianna).

Binalioac ti nagpanunut idi, yangem ta ammocon ti agtrabajo iti daga, quinona innacon sapulen ti mainayon itoy base ammocon casursuroc iti escuelaan.

Ydi Julio de 1873 isu to immona a isasangpetco ditoy Lepanto naiserrecac a escribiente iti oficina ti Comandancia.

Ydi Junio de 1875 napanunutco ti mapan sadi Manila. Simmalugac ngem idi simmangpetac idiay ilimi Tagudin naipilitac metten iti panagayayam cas cababalin daguiti babbaro quet idi adda macataoen a casta nagbaliaocon.

Ydi Julio 1876 napanac asdi Vigan a in mangala iti pasaporte para Manila ta saan a mabalin idi ti agpa Manila no aoan daytoy a documento nga firmaan ti Alcalde ti provincial; naaramid a idi caaddac sadi Vigan nasaracco idiay ti maysa nga oportunidad ta inaoisnac ti Jefe ti Carabineros tapno sumbrecac idiay Cuerpo nga solo iti oficina como escribiente ti pagannongac; immanungutac saac nagaoid met la idiay ilic quet idiay ti mangurayac iti aprobacion ti agturay.

Ydi Agosto de 1876 isut pannacaayabcon iti Cuerpo quet naidestinoac sadi Vigan como Escribiente quet nasayaat ti casasaadco ta daguiti horas ti oficina laeng ti pacasapulac; ngem idi Setiembre o Agosto de 1877 narcongorigar ti Cuerpo quet iti casdi naited ti oportunidad iti pannacabalinco a simmina iti Servicio ta sadi Manila darepdepco idi ta damdamaguec lat casayaatna.

Ydi Noviembre de 1877 calpasan ti panagapuc sadi Lingayen gaput iti panagtungpalco iti maysa nga orden por telegrama ti Comandante ti Cuerpo de Carabineros, (ya reformado) ta cayatnac cuma nga agcontinuar a ibati idiay Lingayen como escribiente; isut panagpa Manilac quet limmuganac idiay Pangdan - Vigan iti Ponting No. 111. Oh! amangan nagsayaatan (cunac idi) ti Capital de Filipinas, Manila. Ydiay Convento de Padres Agustinos ti nagtaengac quet idiay nagcadcadennacam quen cabsatco Felipe quen casinsin a Julio; daguitoy dua musico ti orquesta del Convento quet siac maysa nga sirviente privelegiado mabalinco idi a cas cadguiti cacaduac ti rummuar manipud las siete iti bigat inganat ti las siete iti rabii no isut cayat quet mabalin idi ti mapan agadal.

Ydi Enero de1880 isut pannagaoidcon nagcucuyogcami cada Don Patricio Bunoan, asaoana Doña Dominga annacda babbalasang da pay idi Pia quen Lorenza quen ti casinsin daguitoy isu dedi Rosalia.

Nangasaoaac quet nagcasarac dacam idi asaoac Rosalia, idiay Tagudin, 26 Julio de 1880 quet idi cayatmit agsublit Manila.

Idi sumrec ti Octubre de 1880, isu ti panagsublic ditoy Lepanto nagbati ti balay dedi tata, dedi asaoac sa inyeg dedi tata idi dandani agmacabulannnac ti caaoancon; naisaadac iti quina – Interprete del Jusgado de la Instancia de Lepanto nga acmen ti Comandante; quet idi Marzo o Abril 1881 sinolicitarco sadi Manila ti plaza ti Maestro de escuela idiay Sagada. Nailisicami nga agasaoa iti naca am-ammac a peggad; ta idin panagsolicitarco naibaoncam cuman idiay sinao nga Sagada, ngem nagmadiac ta quinonac mapancamto la cuman no sumangpet ti nombramientoc; idi 9 de Mayo 1881 a las cuatro iti malem, immalsa daguiti taga Bontoc, Sacasacan, Talubin quen Sagada quet ditoy pinatayda daguiti agasaoa nga maestro sadi Bontoc ti lalaqui, quet naibaondat Sagada tapno agmaestro Directorcillo pagururayan iti sabali a nombrado; adda met pinapatayda idiay Bontoc o Sacasacan.

Idi Agosto de 1881 napasangpetco ti nombramiento para maestro de Sagada quet napancamin sinuctanmi daguidi pinatayda; mientras ditoy ti yanmi nasasan met ti ipapanmi't Bontoc a iling-lingay ti quina triste ti destinomi nga Sagada.

Nagremuneraac idi Marzo 1883 quet rinombrandac a Teniente Absoluto ditoy Cervantes.

MY LIFE

By Don Sabas Gaerlan

English Translation by Jane G. Guerrero/
Vicente F. Guerrero

CHAPTER I

Beginning of the Story

As I write this story, I had no way of knowing beforehand and I had no time to find out the names of my old ancestors, although I know that they originated in the town of San Juan, in the province of La Union. In that town it is said that more than half of the inhabitants can trace their roots to the surname of "Gaerlan". Another surname, "Gavino" can also be traced in the town of Bañgar. It is in Bañgar then that my grandfather Alvaro Gavino was born and so was his brother, Rosendo Gavino. In the town of Santa Maria, Ilocos Sur, another ancestral line can be found originating from those who migrated from San Juan of Bañgar, and their surname was "Gavino". There are other places where this family names, Gavino and Gaerlan have spread, namely in the towns of Piddig or San Nicolas but from the female side.

The family name Gavino evolved into three branches as claimed by my grandfather, Alvaro. At that time (during the Spanish Occupation) an order was issued by the highest authority of the Philippines to the effect that families bearing similar surnames have to cease using them and to change these surnames accordingly. Because of this order, the San Juan and Tagudin families agreed to adapt the surname "Gaerlan". Included in this change were three priest named Mariano. These three priests have the same names. Those from Bañgar did not adopt the surname Gaerlan, but retained the name Gavino instead. Those from Santa Maria Ilocos sur also retained the surname, Gavino.

133

At the end of the year 1700 my grandfather, Alvaro Gavino was born in Bañgar (at that time the family name was not changed yet). A younger brother of Alvaro Gavino, Rosendo Gavino is the grandfather of my late wife, Rosalia (may God bring her to Glory). These two brothers resided, got married and settled in Tagudin.

Alvaro Gavino married Emerenciana Labanocte, his first marriage and had the following offsprings: Raimando, Doroteo, Juan Nepomoceno, Anacleta, Juan de Dios, Ambrosio, Catalina, Micaela, Victor. From his second marriage with Justa Lucero he sired these children: Isabel, Ginnino, Pio and Rufina.

Juan Nepomoceno Gaerlan (name had been changed then from Gavino) married Antonia Mansano, daughter of Cipriano Mansano and Valentine Valdez. From this union were born Julian, Sabas, Felipe, Hilaria, and Bibiana. His second marriage with Dominga Valdez produced these offsprings, Bernardina, Canuta and Nemencia.

Sabas Mansano Gaerlan was born in Tagudin on December 5, 1854. In July 1880 he married his second cousin, Rosalia Gaerlan Lorenzana, daughter of Ignacio Lorenzana and Martina Gaerlan. (Igancio was the son of Tomas Lorenzana and Lagutingting, and Martina was the daughter of Rosendo Gaerlan.) Roasalia was born on September 4, 1865 in San Miguel, Camiling, Tarlac. This matrimony produced the following offsprings:

Romana, born in Cervantes, August 9, 1883
Juan Gualberto, born in Tagudin, July 7, 1884
Maria Socorro, born in Cervantes, September 25, 1886
Margarita Antonia, born in Cayan, February 22, 1889
Crispin, born in Cayan, October 5, 1890
Maria Remedios, born in Cayan, June 1892
Maria Amparo, born in Cayan, March 22, 1894
Constancio, born in Cayan, September 23, 1897
Carlos Borromeo, born in Cervantes, November 4, 1899

Mariano, born in Cervantes, September 8, 1901
Victor, born in Cervantes, August 16, 1903
Ysayas Fermin, born in Cervantes, July 7, 1905

The following died in their infancy:

Maria Carmen, elder sister of Romana
Mariano, elder brother of Constancio
Santiago, younger brother of Fermin
Roselino, younger brother of Fermin, last offspring.

Ten years after completing this book (May 1, 1924 is the date I'm writing this page), the following had taken place.

On October 1910 I got married for the second time to Regina Dumlateza in Tagudin. Regina was the widow of my cousin, Julio Gaerlan. Regina died on September 13, 1918 making me a widower for the second time.

I got married for the third time on December 5, 1919. Julia Bondad who is also from Cervantes and also a widow just like me entered into this marriage. In the morning of that same day, I was made the President of Cervantes. Our wedding ceremony took place in the afternoon. The children from this marriage are the following:

Maria Carmen, born here in Cervantes, October 3, 1920
Esdras, also born in Cervantes, January 24, 1923
Emerenciana, born in Cervantes, January 13, 1926.

CHAPTER II

At the age of seven, I started to notice things around me. I started to discover some awareness yet I was filled with a state of innocence and was still distanced from evil ways or malice. I felt a sense of wonder and awe. I lifted my eyes and beheld the universe up yonder. I saw the sun, the moon and stars and I started to imagine that the universe was shaped like an egg; the outside whiteness representing the heavens and the yoke, the Earth.

As I cast my eyes downward I beheld the mountains, the forests, the rivers, and so forth. I wondered about the limitless sea and the waves, its movements. I saw rivers flowing downwards to join the sea. I also stood at awe of the imposing edifices and houses, especially the churches. I listened very keenly. While at home I observed curiously the ways and lessons my parents were trying to impart to me; the upbringing, instructions about God, about oneself, the soul, about our bodies, about the duties of a Christian. Morning and night, there were prayers to be said. These were duties; duty to pray the rosary, to confess one's sins to the priest, to receive Holy Communion during days of obligation (Sundays and Holidays) and when to fast. I had always been taught by my parents to regard others as all creatures of God and likened to his image. I was always reminded of this adage: "do not do unto others what you do not want done unto you." They taught me the importance of my obligation of attending mass during Sundays and feast days and if possible, every day. I was dutifully reminded that as a Christian these duties should be faithfully followed; that to hear mass is setting a time to thank God and reflecting on our good fortune of making it safely through life and able to earn a livelihood. They drew analogy to the story that when God created the earth, after sixth day, he rested on the seventh day. To attend mass on Sundays therefore is the best way to remember and to sanctify that day; to attend mass is to show worship to God.

As a child being surrounded with the richness and beauty inside the church was a palpable experience. I was mesmerized with the regal ceremonies befitting a king or emperor that accompanied the mass. To see multitudes singing and praying together or sometimes just being deathly silent as they worshiped would easily grip my emotions. The crescendo of the music and songs rendered me longing for more as I have a passion for music.

I remember one day upon arriving at home after a mass celebration, I pestered my parents with the following questions: "mother, why did the priest in the midst of the celebration climb up somewhere and said so many things?" "after speaking, he continued to say mass? I liked the music and the songs they played in the church and there were so many people who went to church!" My mother answered: "Dear child don't you not know that the pulpit is where the priest says his sermons? The music and the songs accompany the mass celebration, especially on Sundays. Many people attend mass because it is Sunday to thank God for the good health which they enjoyed during the past week and they are obliged as Christians to worship on Sundays." As a precocious child, these were typical questions that I asked my mother.

Even in school, I was conscientious about my behavior. I knew I had to keep up with my parents' expectations. I remember being happy in the school surrounding and in the company of my schoolmates. I tried to be quiet and mindful of the warning my mother gave me and quoting her: "if you get into any fight, whether it's your fault or not, you are still going to be punished." Upon reaching the right age I started schooling right at our house, for my father was a private teacher and held classes for about twenty boys and girls at home. At that time it was a practice that all the children attended mass everyday. After the mass we then lined and left the church in two groups, one for the boys and one for the girls. We marched and sang on our way from church to the big school buildings. Somebody would lead the singing and the rest of us just followed. The song was always, "Todo fiel Cristianos, esta muy obligado a tener devosion, etc., etc." in Spanish. The leader was in front of the line holding a cross, about a meter high. Upon arriving at the public school, we said our morning prayer, "Bendito y alabado sea, etc., etc.", after which everyone proceeded to his or her respective school house (there were several private schools in town.) At ten o'clock in the morning, everyone would go back to the big school building where the attendance was checked. After the attendance were checked we would march back to the church where we had to say more prayers. We then went where the convent was and there we shouted greetings in Spanish, "Buenas Dias" and then we proceeded home. At two o'clock in the afternoon a bell would ring signaling that we had to return to school and at five o'clock in the afternoon we then would go home for the day but not after shouting our greeting at the convent ground, "Buenas Tardes". In time I was sent to the big school or public school. This was the beginning for me to venture further from my home in the company of other children.

CHAPTER III

Childhood Experience Having to do with Being Punished

During my childhood my parents were strict with me. I was not allowed to stray from our neighborhood and be with other kids. However one day, between noon and two o'clock in the afternoon, before school usually would have started, three kids came up to me and convinced me to join them for a swim in the river. Slowly, I surreptitiously walked out of the house when I noticed that my parents were asleep taking a nap. Upon reaching the river we all took off our clothes and jumped into the river. I remained in the river edge where it was shallow since I did not know how to swim. I watched my playmates with envy as they dived and swam in the deeper part for the river. I made my way with caution to the deeper part of the river. I then tried jumping and standing on my toes so that I would not get under. Unfortunately, I slipped and found myself under water and sinking. I panicked and I tried to stay where I originally was not wanting to go anywhere deeper. I tried to get my wits together so I could get back to the river edge. I then did a series of jumping and clawing my way to the river edge. This incident felt like eternity and as I was doing this I swallowed and breathed in a lot of water. I did not give up and I prayed desperately and I remember what I said in my prayers: "O Lord, do not allow me to perish from this; Lord save me; Jesus, Mary and Joseph, help me". I saw my life hanging by a thread; that's how it felt, being a kid. It was a miracle but I finally found myself in the shallower part of the river and on the river edge. I sat down very much relieved. I remember throwing up a lot of water that I swallowed. My playmates who were quite a distance from me were not aware of the incident since they were just busy enjoying themselves otherwise they could have tried to save me. I was afraid to report this incident to my parents because I knew I would have gotten punished for disobeying their rules. However I did tell my playmates about it.

Another memory that I have of my childhood is what I want to relate next. It was a usual practice that after supper or around seven o'clock in the evening, all the children would go to their respective teachers from school for a group prayer to say the Holy Rosary. At times, we kids would feel playful and our favorite pass time was playing soldiers. This we would do after the so-called group prayer. We re-enacted military battles, military formations and such. We carried sticks as our firearms and sometimes it doubled as swords. Depending on the number of children participating, we would have battalions, complete with a captain (the leader who would imitate marching orders in Spanish) and officers. Usually we marched and paraded around town. We also customarily displayed routine exercises to the delight of the town folks. It was a sight and the town people loved it. It was a noisy exercise and we kids were just having so much fun. We marched in unison and we made sure our bare feet made a loud thump, thump sounds. The town folks particularly requested this kind of exercises as a diversion to tragic happenings in towns such as during cholera outbreaks or other epidemics. The older men and women also had the superstitious belief that all the noise that we generated would drive away the epidemics.

As kids we sometimes went beyond playing. We conjured fighting between companies and battalions. Leaders of battalions challenged another battalion to a fight or battle. These were meant to be making – believe battles. A designated place usually was agreed upon between two groups (battalions) and there we met for fights (battles). You would think that we kids would have a lot to be afraid of from our parents as you can see in my subsequent narration. We didn't have a lot of foresight, but hindsight? Yes.

I had this great desire to join the so-called "milicia infantile" and since my father would never let me go, I was constantly looking for every opportunity to do so. This opportunity came when my father went to sleep quite early one evening at nine. I collected my stick and joined a group of young boys out in the street. Being my very first time to join, I timidly joined the last rank or the back of the formation. This group were preparing for a "battle". The "captain" had us go through a lot of preparation, military exercise and a lot of shouting. He even called out names for attendance. He did an inventory of our "equipment" which consisted of sticks. We marched and exercised in the street before we proceeded to confront our "enemies".

Note: Two pages are missing from the original text. The narration following depicted what followed after a fight that went awry.

My battalion started to lose the battle. We retreated and in the midst of the chaos and with my companions retreating fiercely, we created a dust bowl. I was blinded by the stirring dust and I run not knowing which direction to take. The opposite group chased us and I found myself pushed in every direction. I tried to get out of the melee but it was too late. A blow landed on my right face striking across my right eye. The blow felt like a flame of fire. My right eye was shut. I fell down and was trampled on by some boys and some tried hopping over me trying to avoid stepping on me. When they were gone, I gathered myself and made it slowly to our house. I tore a piece of my shirt, wet it with my spit and washed my shut eyes with it. When I got home I was so thankful my parents were asleep and I did not have to deal with them right there and then. I slowly opened the door and crept to my bed. I couldn't sleep that night because of the scathing pain on my face and the thought that I would be getting some kind of punishment from my father. At four o'clock in the morning was when my father would customarily get up from sleep, and also was the same hour that the bells of the church were rung to announce to all Christians their obligation to say their morning prayers. When my parents saw me in the morning they were surprised of course to see my swollen face and they started questioning me. I had no recourse but to tell the truth. I remembered a sudden anger that crossed my father's face and just as suddenly the hurt that followed because I disobeyed him. My mother wept silently. She couldn't see me hurt that way. I received a tirade of admonition from my father: "God in his greatness has allowed this punishment befitting a disobedient child; I would be glad my child if this is the only punishment you are getting for your ways. I should be punishing you but you are so beaten up already, etc., etc." My good mother than took me, washed my face and cleaned my head full of dust and rice husks.

I want to relate a third incident which I will never forget. It was an afternoon when we had to be in church because a jubilee was being observed. A jubilee announced by the Holy Pope was a celebration consisting of congregating in church and solemnly

142

praying in unison with the Holy Pope's intention. During such events, the church was usually crowded and all the kids in town were all present. That went without saying that all the young girls in town were there. As a young boy I wanted to show off. I felt mischievous and I made some threatening disruptive gestures. I did this by cupping my both hands and blowing through thus making a bell-cow sound if I blew hard enough. Another schoolmate saw me and warned me not to do such foolish actions. Feeling mischievous again, I told him to mind his own business and added some curse language. This did not sit well with that students and we exchanged angry words with each other. He ended saying he would report me to the teacher.

As usual after the prayers we students lined up and sang our way towards school. At school the teacher asked if anybody misbehaved in church. The student I had altercation with stood up and described what I did in church. When asked, I owned up to the said disruption and the teacher decided I needed to be punished for my misbehavior. Afraid of punishment, I asked for forgiveness. My grandfather (there were two teachers in the big public school, my grandfather was one of them) sensing that the teacher would let it pass interrupted saying, "he is not going to be forgiven because he is showing that all he knows is about girls. And I am not going to play favoritism because he is my grandson. Far from it I would like to see him punished". Turning to one of the school boys he instructed to "set up a bench for whipping'" then he further instructed another young boy to "take a rattan whip and give him a good whipping". I turned to my grandfather for forgiveness so he would spare me of the whipping but he did not heed my plea. Even the other teacher was starting to be afraid for me but his gesture of trying to soften my grandfather went unheeded. Sensing that the other teacher was softening on me I asked him to render the punishment in stead of the young boy (in my mind, the young boy would just whip me with abandon because of his immaturity). My grandfather was getting impatient at that point and ordered me to bare my behind for whipping. My mind was tortured as to why a family (my grandfather) would have me punished in a horrible way. I felt numbed and I seemed not to have felt the whip that landed on my behind but instead an intense anger welled in me. I stood up from the bench and with all strength in my voice that I could master I said things that anyone could not imagine would have been said by a ten year old pertaining to injustice, and so forth. I was bitter. All of a sudden I was not afraid of anybody, not even my grandfather. This further incensed my grandfather. He took the whip from the young boy and chased me around the room brandishing the whip wildly. We hopped from bench to bench, bumped the other kids sited crossed leg in the middle of the room; some of the kids were hit with the whip. This went on until he got exhausted. The whipping was all over my back, from my shoulder to my feet. I still have scars from those whipping. The scars in my left hand which I couldn't help but see everyday reminds me of that day. It doesn't pay to disobey elders not your grandfather and not your teacher either.

I arrived home in the afternoon of that day thankful that my parents were not home to see how I looked. And I had a plan, I wanted to avenge myself. I waited for the young boy who reported me on a street where I expected him to take to get home. I waited for an hour but he did not show up. My guess was he took another route to go home. I then proceeded to the field to feed our cows. I got home late with the hope that my parents would still not notice anything unusual with me. Not too long, at about seven o'clock in the evening my grandfather made it to house and reported everything that happened.

As expected my father was really angry, not at my grandfather but at me. I received admonitions after admonitions, reminding me that no bad deed remained unpunished. My mother who had to bear to see my wounds cried as she tried to console and gave me sound advices.

_____

It is customary in the Ilocano ways to punish the wrong doing of a child with what is called "sacab" which literally means, the child lie face down on a long bench to bare his behind for a whipping.

CHAPTER IV

My Other Memories of my Childhood

While we children were in school, the polistas were at work in the church, convents, or public structures and roads. Polistas were citizens who rendered mandatory services in the town. These polistas started their work at seven o'clock in the morning until ten o'clock when they took breaks. They would resume work for the day from ten o'clock in the morning until five or six o'clock in the afternoon. A bell was rung to call people to start to work at ten in the morning and then again at two-thirty in the afternoon. Polistas were fined per day if they didn't show up for work. The fine was twelve cuartos which was equivalent to six centavos or two octavos nowadays. Each citizen aged sixteen to sixty years was obligated to render fourty days of polistas service each year.

When I was young boy, I liked to watch the workers who did the sawing of the woods (ragaderos). They all seemed to work with rhythm. When they worked and after some time that they got tired and needed a break, they signal each other in a particular way. One would start shouting "ABIA", and the rest would seem to agree and shout "ABIA" too. The pushing and the pulling of the saw undertaken by the workers were gradually slackened until every one stopped. Their break consisted of taking out their tobacco pipes and lighting them to smoke. The ragaderos liked to accompany their work with sing-song words, "avante, ando-ando, avante, ando-ando....". The cura or the parish priest was curious about the meaning of the words, 'avante, ando, ando' that the laborers were using and therefore inquired from my friend, a fiscal.

146

The fiscal was not very sure himself but he did try to explain that avante meant, "let's speed up" and ando, ando meant, "let's not speed up". The priest got mad and told the laborers that they would get in trouble using words whose meaning they didn't grasp too well and threatened them with punishment if they persisted. They all seemed to be a happy lot.

During the Lenten season which took place during summer months the markets were filled with many products for sale, such as water melons, camanteres, singcamas, camote, sugar molasses, and other sweets. There were all kinds of fruits and vegetables, eggplants, squash, and paria. There were so many kinds of fishes from the rivers and sea. I had always looked forward to this season because of the many things seen and to be had in the market.

During the Lenten season, the church bells tolled, usually after the mass that were celebrated every day and during the visperas at two o'clock in the afternoon. My parents explained to me that the church bell tolled to remind us Christians that the Lenten period was the time to remember the death and crucifixion of Jesus Christ in Jerusalem. The bells were calling Christians for confession and repentance for sins and omissions of obligations. It was a time for humility and time for reflecting each one's lives and also for renewal. There were stations of the Cruz that were erected along the streets around our town. It was customary that we joined the processions and at each station special prayers were said. These religious exercises left me with fond memories to think back of my childhood years growing up in a small town.

CHAPTER V

In 1866 I was orphaned when my mother succumbed to tuberculosis. She would run high temperatures and when she was having those temperatures, she would become delirious. She would talk about the apparition of a lady consoling her due to her sickness. She inquired us (the family) if we saw the lady which of course we didn't. We added that she should ask the lady for any information regarding any effective herbal medication that could cure her. At another time, my mother related a conversation with the lady saying that she had asked her to be ready to leave her life on earth after the fifth day. On the first Sunday in October, 1866, my mother talked about dying that day. In the morning of that day, she passed away quietly. May she rest in peace.

At the end of the year 1866 my father turned me over to the parish priest (cura) for an opportunity to study and I stayed at the convent until July 1869. My life in the convent was very different as when I was living at home. All the parish priest wanted me to do was centered on books, inkwell, pens and paper. This was true with other young people he was taking care of. I missed playing with kids my age. Life was easier inside the convent because there was less physical work than what I used to do when I was home. He was an extraordinary priest. While other Spanish friars were tyrants, he was good natured and kindhearted. My good fortune did not last long for the cura contracted a respiratory illness and within a week succumbed to the illness. He died on July 2, 1869 and was burried in Tagudin.

I returned home from the convent. My father's plan upon my return was for me to go away to study. After years of studying in the convent with the cura, I wanted to do something different. I wanted to be a farmer. My father was disappointed but nevertheless gave way to my plan. He agreed that I should at least try it if was something I liked. I was fifteen years old then and I was happy to have my own way. I took to farming without any help from my father who tired of farming and had a better way of earning a livelihood. In addition to being a farmer, I was also a teacher. I usually began working during early hours in the morning. I taught from eight o'clock in the morning up to ten o'clock and again from two o'clock in the afternoon up to four o'clock and then I would spend the rest of the day in my farm.

Farming was kind to me. My emotions soared when I saw my plants grow and bore fruits. Farming was not for everybody but certainly it was for me because I was a very active young man. I would look at my plants and I would say to myself; "Look at those plants. You won't see anything better than that!" The joy was even much more during harvest time when I got my produce and stored them in the barn: my harvest, my rice, my molasses, my sugar wine, my corn, my camote, and so forth.

I settled well just being a farmer. I lived this kind of life for three years, 1870, 1871, and 1872. I experienced a peace of mind. I had no time for other things such as going out with friends, no arguments to be had with other people, no bad companies either which saved me from getting into trouble. I communicated with nature. I found the wide blue skies soothing and the cool wind refreshing. The draft from the wind provided cool air in the house as well as to the school and my farm; and theses places were close together. My farm was close to the river and the sea and so my farm got all the irrigation it needed. I had ample supply of fishes from the river and the sea. I had enough supply of vegetables from my garden. I had a wide area for pasturing so I kept sheeps, goats, pigs, chicken, ducks and pigeons. What more could I have asked for? Nothing bothered me. I was quite satisfied that I had no need for money. I was not tempted to be greedy. I never had to ask myself how I can get rich. I only had the passion for farming and teaching. This was not to say that my family did not make a little profit from my produce but I was not involved in the selling of the produce. I was only the Hijo de familia (the son in the family).

My life in the countryside has given me a unique perspective in life. The calmness and the chance to think deep thoughts was one thing that I could not get from anywhere else. If I were a poet, I could have written poems after poems so it was when I was living in the countryside that I thought of writing this book.

After three years of being a farmer, I thought about studying in Manila to advance my opportunities. This I told my father. In the beginning, he too thought it was a good idea. His exact words were, "yes you can go. Now that you know the value of work you can look for better opportunities other than farming." We both let a few months go by. I then asked him whether he would let me go as planned. He seemed to have changed his mind. This was what he said, "Why don't just get married and settle down in our town. If you go to Manila, you might want to stay there for good just like what happened to my brother. He went to Manila and got married there and stayed there. You can have a family here". I was only eighteen years old and the thought of marriage was foreign to me. I told my father I did not have any plans of getting married not at my young age, that perhaps when I reach twenty five I would then settle down. I remember saying, "I cannot as yet raise a family. I'm poor as a rat. I can't even afford to buy a pair of pants for myself. Where will I get the money to buy a skirt for a wife and a diaper for my kid? How can I make my wife happy in my state?"

CHAPTER VI

My First Experience Away from Home

As a young man of eighteen years, I thought of myself as a fortunate young men because I had my good health, my strength and my wisdom to realize that I needed to go out of my own and explore other parts of the region I lived in. That did not mean that I was abandoning my father. Far from it, I wanted my father to be proud of me so I needed to set forth on my own to prove myself. If I just clung and stayed dependent on my father, there wouldn't be a chance for me to explore my full potential. The memory of my mother who passed away gave me such inspiration to prove for myself that she brought out a dignified and independent young man to this world. I have such love and high regard for her. I felt sadness leaving my father but I hoped to God that he would be taken cared of. I would show respect to him by letting him know that I loved him so dearly. I want my father to be proud of me.

I left for Cayan, a district of Lepanto during the first week of July 1873 in search of a teaching job and to earn a living. With these thoughts I left my home town, my father, my brothers and sisters and friends to begin a new life in a new place. This departure was my first life adventure. I felt some trepidation in my heart but I held on to my faith in God as my parents had taught me since childhood, to trust in God.

I was not ready for what I was seeing for the first time as a new adventurer. From the town of Salcedo towards the river Guinibur, we passed through thick forest and then we climbed up

151

a steep mountain towards Rancheria Lidag (which is now the town of Conception). From there it was another climb to Ling-ey (which is Mabatano then) and further up was Mount Tirad. I might as well have been climbing up to the heavens. It took us four hours of mountain climbing surrounded with fog. We barely could see anything around us because of the thickness of the fog. We started from Mabatano at noon and we reached Angaqui at seven o'clock at night.

In this town of Angaqui I was prevailed to stay by Mr. Rafael Lagasca, the teacher – director of the town to finish some registry work. I left for Cayan at the end of September with Mr. Rafael Lagasca. We arrived in Cayan at about the time that the town people were starting the novena for the Holy Rosary.

I had several impressions of those places that we passed. Angaqui is situated on the side of a big mountain which is Tirad Pass. We passed by wide valleys where the rivers were running through. When I looked far enough, I could see mountains bordering Benguet and Polis, and across these mountains would be roads going to Abra and Cagayan and other places as well.

In Cayan the capital was located in a small place with the headquarters of the Commandacia Politico-Militar, quarter of the Guardia Civil, the house of the Capitan, a public school, a storehouse for tobaccos, ten houses for official employees and clerks, watchmen (celadores) for the collection of tobacco, a tiangue to house traders and a store for clothing and alcohol managed by Mr. Andres Vargas who was called the manager of the store (tiangue). The important people in Cayan included: Commandante, Don Victor Dauz Cantero, captain of the infantry. He was kind, valuable and a straight Spanish authority. Don Guillermo M. Aguirre, Interventor of Public Hacienda. He was half Spanish and half Filipino. He was softhearted and always ready to help those Filipinos who were vying for public office especially because he was very influential with people of authority in Manila.

It was in Cayan that I had an encounter with an orchestra that produced such magnificent music. I was in awe at the sound that a collection of musical instruments, the violin, the flute, the guitar, bajo de unas, and the bating-ting coming together to produce a very discriminating sound. It had to do with how the music was reverberating on a span of deep ravine on one side and mountains forming a high enclosure on the opposite side. This was not the kind of sound one would hear when this orchestra would have played in the lowlands or baba as we called it. Those who were playing were known music teachers such as Simeon de Castro, Juan Guirnaldo, Guillermo de Castro, Donato Mulato and Juan Eduarte. They were all professional musicians and before long I joined their group since I loved music and could play musical instruments too.

In Cayan I was placed as a clerk (my first position), a position which I held until June of 1875 when I decided to leave and contemplate on going to Manila. I then left for Tagudin, my hometown with the purpose of preparing myself for the trip to Manila. In Tagudin however, like any young men my age that time, I wasted a year of purposeless existence; going out with friends, etc. I then admonished myself and reflected on a not so bright future if I continued on my ways. I knew it was time to move on again.

CHAPTER VII

Leaving my Hometown for the Second Time

In July 1876, I went to Vigan, Ilocos Sur with a purpose of getting a passport for Manila. This second time that I was taking off was more difficult than the first. I do not want to dwell on the reason but suffice to say that for the first time in my life, responsibilities regarding marriage and having a family was taking a heavy toll on whether I should leave or not. I had always placed security as a precedent for any decision I would make regarding choosing a wife and settling down. I wanted an outmost preparation such as a permanent job to support a family. What if by fate I would have so many children to support after marriage?

When I arrived in Vigan an opportunity opened up for me to serve as clerk with the office of the Head of the Police (Commandancia del Cuerpo de Carabineros). The work suited me just fine because my work was limited to office work and when I was done for the day, I was free to go wherever and do whatever I liked, so I lasted until October 1877 doing this. Around this time people like me working in the office were told that we can resign or change location if we wanted to. I did resign, however I was contacted by telegram by the Commandante del Cuerpo of Lingayen, Pangasinan and requested that I accept a similar position at his post. For three days he tried to convince me but I had made my decision to pursue what originally I wanted to do, and that was to go to Manila to study. I therefore left Lingayen for Tagudin, and from there I returned to Vigan and took a boat for Manila.

CHAPTER VIII

Leaving for Another Place for the Third Time

I stayed about a month in Vigan. I then boarded a boat, Santa Maria, in Pungul (in Vigan) for Manila. The trip took about five days and when we reached the shore of Manila in early morning of November of 1877, I was amazed with the sight that I saw; the view of Manila from the shore with all its light was a sight to behold. Luneta was beautiful with its paired lights and garden. Alighting from the boat I walked towards Intramuros while my eyes were feasting with everything that I was seeing.

I stayed in the convent of the Augustinian Friars and worked there as one of the workers. The work was not at all difficult especially because the workers did not have to report on a particular time. We just needed to be there between seven in the morning to seven at night and we may work overtime if we were needed for an extraordinary task. It was very convenient to work and study with the Augustinian Friars. The quality of education that was gotten there was admirable and in fact many of those who served there ended up as priests or had served in dignified and high offices.

I stayed with the Augustinian Friars until January 1880 when I returned to my hometown. I was twenty five yers old and I felt it was time as I promised my father that I should marry and settle down. From Manila I accompanied the couple Patricio Bonoan and Dominga Lorenzana and their daughters, Señoritas Pia and Lorenza on their trip. They were visiting Manila and they were on their way going home. We dropped by Cabagan, Zambales to visit their son,

Mr. Manuel Bonoan, a teacher. Going southward from Cabangan to San Marcelino we mostly encountered Ilocanos and Ilocano dialect was spoken in those localities. In this region the climate was temperate, favorable for growing fruit trees especially coffee. One could easily get rich here and there were many businessmen especially from Vigan who were thriving on agricultural business. Life was not easy though especially for these rich people because theft and robbery were rampant.

It was in the month of March, 1880 when we arrived in Tagudin. Coming home with us too was a niece of Señora Dominga Lorenzana named Rosalia who was visiting the hometown of her parents. I was delighted to return to the place and house where I lived, to see my father, my brothers and sisters, friends and to go back to the places where I played as a child. Coincidentally, my father and uncles were choosing a wife for me. God may have had a hand on the choice of my wife because the lady my father chose for me, Rosalia Lorenzana Gaerlan ended up to be the love of my life. Our wedding took place at the church of Tagudin on July 26, 1880.

CHAPTER IX

Leaving for Another Place for the Fourth Time

After two days trip from Tagudin I arrived in Cayan on the first day of October 1880. This period of my life was the most burdensome. I knew that with marriage came with a lot of responsibilities. I was not taking care of just myself, but I had also a wife to care take of. I cannot back off from this huge responsibility. I was sharing a life with her. I had to start being conscientious, hard working and thrifty (to save). I also knew that the responsibilities would get heavier when we start having children and when I will be called a "father". This kind of responsibilities I would be facing would be living up to the name of being a father; I needed to bring up my children the right way. I would have to teach them about God, respect of other people, and to do good deeds. The most important duty of a father is the unconditional love he would bestow to his children, not only materially but spiritually. They needed to be fed to give them strength and to grow; they also needed to be clothed so they did not have to go naked; and they needed to be healthy. And when my children are grown, they would have to go to school and then much later, they would have to learn how to work and earn a living. All these tasks rest on the shoulder of a father.

Before I made up my mind to go to Cayan, I was choosing among Cayan, Manila or Isabela (Luzon) for relocation. I planned to apply as a clerk since I already had some experience with this type of a job. I was a clerk at the office of Don Estanislao Lorenzana in Manila. He was an official of the Court (Real Andiensia) in Manila. Don Estanislao and his wife, Magdalena Masangkay took cared of my wife, Rosalia before I met her. Don Estanislao was a cousin of the father of my wife.

I ended up choosing Cayan because a friend that I used to work with in Cayan in 1875 sent me a letter asking me to join him. He offered me a position as an interpreter for the Governor of Cayan. In Isabela, town of Gamu, I was also offered a good position. When my father learned about the offer in Cayan, he encouraged me to take it. The trip to Cayan was shorter for my father to take when he wanted to visit, which would take two days hiking. The trip to Manila would have entailed a train ride from San Estaban but during the rainy season, the train would be inoperable and the alternative would be a boat ride from Darigayos. Isabela would even be much further.

When I arrived in Cayan the townspeople were in the midst of celebrating the feast of the Holy Rosary. They did this every year even if there was no priest assigned in that location. The following year, 1881 a missionary, Father Rufino Redondo became their first priest to officiate during these religious ceremonies.

The moment I arrived in Cayan I assumed the job as an interpreter for the governor right away. My wife Rosalia accompanied by my father arrived in Cayan within less than a month that I was there. In May 1881 there was an uprising by the natives in Bontoc, Sacsacan, Talubin and Sagada. This caused apprehensions among the people of Cayan especially the women including my wife. As a result of this fears and trepidations my wife had a miscarriage what would had been our first born son.

On August 1881, my application for a job as a teacher for Sagada arrived. We therefore left for Sagada to replace the couple, Gelacio Lunicia and his wife Houana Lastimosa both from Tagudin who were killed during the said uprising.

As I am writing this, about our trip walking to Sagada, I am reminded of my wife's burial. During our trip to Sagada, my wife was borne in a hammock and I was walking beside her or following her. During her burial, she was laid in her casket and borne, and I was walking following the casket. My heart aches to remember this; I'm angry at God. Why is it that God's great plan did not spare me from this grief? I hope to God that the public who will read this will not judge me. On the other hand, I do not think that this (book) will be publicized. Perhaps my children and my grandchildren will read this?

On our way to Sagada, I was feeling a little bit perturbed from taking that journey. Sagada was a strange place as far as we were concerned. People who lived there were called Igorots. Three months before we took that trip they had killed the two teachers during an uprising. Houses were few and far in between. We were not going to have any neighbors. I searched my mind for relevant teachings from my religion to strengthen my resolve. In the Bible it was said that we descended from Adam and Eve. Adam and Eve did not follow the wishes of God. This made God angry and He decided to punish mankind. Accordingly mankind will use their wits to survive and as a result, they will survive from the sweat of their brow, and to the women God declared, "Women will look up to men for survival and will bring forth children in a great deal of pain".

While in Sagada, we would sometimes go to Bontoc through a permit to pass away our loneliness from our station. In one of these visits to Bontoc my wife delivered a baby girl in July of 1882. We named her Maria Carmen. This daughter died when she was two months old from dehydration and malnutrition because my wife could not produce enough milk to sustain her. We lived in the mountains where we could not obtain anything; no canned milk, flour to dissolve in water, nor white sugar to dissolve in water, nothing at all. We could have hired a nursing mother even if it cost us so much money but even then we could not find one. In our worries and difficulties in Sagada I tendered my resignation as a teacher and was approved in April 1883. The following month, in May we returned to Cervantes and there I assumed a post as Teniente del Pueblo. My late wife was heavy with a child and on the early morning of August 9, 1883 we had baby girl. We named her Romana. At that time I was in Cayan to attend a mass in honor of the Ascension of the Blessed Virgin Mary. Rain was pouring that started August 15. The following day I wanted to return to Cervantes but as I reached the river that I had to cross, I found out that it was unfordable. I then changed my mind and returned to Cayan and decided to try another day. On the 17th of that month the river was still high. I got despondent; I could almost reach our house from across the river. I decided to risk crossing. From the bank of the river I said my prayers, took off my clothes and with a great trust in the Lord I started crossing and praying, "Help me Lord, save me." After crossing I knew nobody could have swam across. The river was just so swollen and the current was so strong. My faith in God had saved me!

I liked living in Cervantes because people there were good natured and they were mostly migrants from the lowland area and Christians just like my family. Cervantes was a new settlement area and had only one authority or official. The Climate was temperate and the town was bounded by hills and mountains. Because the salary of a teacher was higher than the Teniente Absolute, I requested to go back to my position as a teacher. This was granted in December 1883 by the Head of the Province (Jefe de Provincia) and the Local Inspector for Promotions (Inspector Local de Ascenda), Father Rufino Redondo.

We then left for Mankayan for a teaching job in December 1883 with my wife who was on the family way. This was a new place for us. The climate was good. There was a copper mine in Mankayan and there was a gold mine in Suyoc, an adjacent town. From where we lived we could see a nice panoramic view of the place. We could see the copper mines and the big facility for smelting copper. We could smell the odor from the smelting. There were several Chinese from Macao who were there as workers and there were also the Igorots. Produce were plentiful; camote, coffee, cabbage, beans, potatoes. People from Loo also went to Mankayan to sell their produce, their prices of which by any standard were cheap.

As the due date for delivery for my wife was approaching, my family left for Tagudin on June 1884 where she could get help during and after the delivery. My wife rode on a horse and while we were going down a steep road, the horse galloped so fast that my wife lost her balance and ay!..... she fell. I was expecting the worst but thanks God she was not hurt. I accompanied her until Cabatano where my father met her and took her to Tagudin. A son was born on the morning of July 7, 1884 and was baptized, Juan Gualberto on the 12th of July.

After a month my family returned to Mankayan accompanied by my father and my teenaged sisters, Bernardina and Canuta. I did not allow these newly arrived guests, my sisters to return to Tagudin but prevailed on them to stay with me.

On the month of May 1885, on the behest of my superiors, I was transferred to Cayan to take care of the government's house and other properties stored in the bodegas, which were left behind when the provincial capital was moved to Cervantes.

I was not new to Cayan and so was my wife too. I started to garner a wide array of business. I bought domestic animals such as horses, carabaos, cows, sheep, goats, pigs, ducks, and doves. As Maestro-Directorcillos, we were allowed to have a place of our own and we were left alone to do what we thought was good for our family and the community. The Spaniards called us "Little Kings." We could even own horses of good breeds. We also had the semaneros (hacienda workers) who we can use as helpers whose main job was actually to deliver letters and packages. While they were waiting for the arrivals of letters and packages, they were used as farm helpers since they worked under the auspices of the Maestro-Directorcillos. As a result, the various directorcillos could maintain herds of horses or carabaos without employing animal caretakers, unless the herd numbered some twenty or thirty heads then there would be a need for animal keepers to be paid. Our families could also engage in small businesses, so in 1886-1887 I started planting coffee. Year after year I added more coffee trees without let up since the pay rate for each worker was one-eight of a centavo at that time for the whole day. They brought their own lunches. Sometimes with that kind of cheap labor I would employ thirty to fifty laborers each day and the total cost only amounted to a three pesos and one-eight. By 1889 the coffee trees started yielding fruits which became more abundant each year. It was during these years when Don Clemente Dominguez Cuesta, the Commandante Capitan of the Guardia Civil mandated that every rancherias in Lepanto should plant coffee and directed the directorcillos and the Guardia Civil to inspect or visit not only the coffee plantations but also home industries raising pigs and chicken. He himself participated in the inspection. Just when there were a lot of coffee trees planted, an infestation occurred that ruined most of the plantations. We called this coffee plant disease, cafétos. It gradually rendered the plant to yield less fruit each year and the fruits ripened pre-maturely yielding low quality coffee. Eventually the coffee succumbed to the disease and died except for those trees that were planted in better soil.

"To make haste is to make waste", this saying applied very well to what happened to my coffee plantation. In addition, "regret always came last" as the saying went too also happened to me. Considering that there were no lack of workers and I had plentiful of seedlings to plant, I rushed towards planting as much area as I could. This did not say that I neglected my teaching job. Far from it because I had three relatives taking charge and managing the workers. There were one hundred thousand (100,000) coffee trees planted and the people of Cayan could attest to this. With this number I experienced the hardship of caring for these trees. We had to weed them three times a year, digging around the roots to remove and clear the weeds. The weeding activities never ended. I could have done better if I devoted more time to using the right tools towards cultivating these trees. I investigated the kind of practice that the other famers, both the Filipinos and the Spaniards had in Benguet. According to them, the maximum number of plant readily managed numbered into ten thousand (10,000). What I could have gotten from hundred trees would have been the same with ten trees if these trees were cultivated right.

In the year 1898, during the Philippine Revolution, the plantation was neglected for ten months with overgrowth of weeds. We also abandoned the farm to go to safer places. During that summer months when forest fires were common, my coffee plantation was raced to the grown. Such a big loss! The labor of almost twenty years and the expenditure of a huge capital were gone in an instant. I should have sold the farm before the revolution but who would have known?

On September 25, 1886, a third child was born to us, a daughter and we named her Maria Socorro. She was born in Cervantes in the house that I built in 1885 after the marriage of one of my sisters, Bernardina.

On February 21, 1889 I came down with a high fever. To this time I easily suffer from fevers although not as bad as then. On February 22, between seven and eight in the morning my fourth child was born, Margarita Antonia, in Cayan. Since I was sick myself and could not take care of my wife who just delivered, the burden of looking after the new born and my wife fell on a couple from Tagudin, lady Quilang and a gentleman, Baron (Gila and Bruno) who both were very kind to my family.

On October 1890 at night between midnight and one o'clock in the morning our fifth child, a boy, Crispin was born. At that time we had visitors staying with us, the son of Commandante Señor Dominguez and Doña Juana de Dominguez and his wife. They were quite surprised the following morning because they did not even hear a littlest sound that my wife was delivering a baby.

On the night of June 2, 1892, our sixth child, Maria Remedios was born in Cayan. She is the Godchild of Commandante Barajas, Governor of Bontoc.

Our seventh child, another girl named Maria Amparo was born in Cayan. She was the godchild of Señorita Maria Garvin.

On June 22, 1896, I and my wife, together with our daughters, Socorro, Remedios and Amparo went to Vigan so that my wife could take the government examination for teachers. With God's will she passed the examination.

Our eight child was born in Cayan in October of 1886. He was named Mariano. He died after five days from epilepsy. In September of 1887, our ninth child was born in Cayan. He was named Constancio. On that same year my wife reported for work as a teacher.

At the end of August, 1898 the Philippine Revolution that started elsewhere reached Cayan. My family together with my brothers and sisters and families (families of Sinforosa Bondad and Lino Cardenas) evacuated to Lubon from Cayan. This revolution if told in great detail is hard to visualize. Upon the cessation of the revolution (September 1898) and the capitulation of the Spaniards in Bontoc, we gradually made our way to Cervantes.

The said uprising or revolution in our country begun in the year 1896 and ended with a treaty called "Pact of Biaknabato" between the Spanish Government and the Philippine leaders of the revolution. The revolution continued however with the fight between the Americans and the Filipinos which started on February 4,

1898. Numerous lives were lost in these battles until it ended with what was called an "AMNESTY". The revolution was a nightmare so when peace finally came, it was a big relief to all. So many people from all walks of life were affected. Those who had it easy in life had to go through difficulties. They had to abandon their well built and fenced homes and leaving with only the clothes they had on and abandoning everything else. If they had jewelries that they tried to hide wrapped in small pieces of cloth, those were taken from them by the people who they encounter during their escape. Their houses were ransacked and burned down. They were lucky if these people could get any food at all, or blankets to keep them warm during the nights wherever they could find shelter or huts. Most of these happened in the Tagalog regions as told by other people who witnessed these taking place as well as what we read from the newspapers. These also happened in Lepanto and Cervantes but not as bad because none of the houses were burned down.

Finally after fourteen years in Cayan, I left for Cervantes. I built a house here and had a little land holdings too. I abandoned my farm in Cayan that I had worked on so hard for. I left Cayan but I owed the people of Cayan a lot because they made me feel at home while I and my family lived there. They embraced us as I embraced and lived their kind of life.

We rejoiced. This was the general feeling after the end of the revolution. The Spaniards had us chained in enslavement and that chain was broken. The Spaniards ruled over the Filipinos, an oppressive government that allowed no freedom. There was no freedom of speech. Nobody could write; gathering or meetings were prohibited. There was no end to the prohibitions imposed upon us and if we resisted, we could be shot or relocated to places we did not want to go.

CHAPTER X

Another Move to Another Place.

Although it was hard to leave a place that we had been accustomed to, it came to a point where we had to transfer to Cervantes in September, 1898. Before we moved to Cervantes, I was involved with the logistics of moving evacuees, Spaniards and Filipinos, militaries and volunteers. The military forces and volunteers were on their way to defend Bontoc, and the Spaniards and other Filipinos with their families from Lepanto, Benguet and Tiagan were retreating and evacuating to Bontoc.

Following and chasing them were more than four hundred Katipuneros pursuing them until Bontoc where a truce of capitulation was made between the Spanish government and the military forces and the revolutionary forces. Another group of people we called Catipongos because their affiliation was not clear, followed the massive movement. This "Catipongos" armed themselves with bolos, ropes, sticks or anything that came in handy. They were semi-katipuneros and rag tag group and they simply annoyed everybody. They were demanding food, animals such as cows or carabaos and even money if they could find any. They were taking advantage of the confusing situation brought about by the revolution. Some demanded to be carried in a hammock because they said they were weak and tired.

Because of the revolution and the uncertainty that it brought in our life, I no longer had a peace of mind. My sense of security for my family was gone especially because we were situated far from the populated areas. During these confusing times, I was thankful that my eldest son, Juan was around to help me especially with feeding and accommodating guests coming our way as refugees and evacuees. Juan was only fourteen years old at that time and he would travel Bontoc, Cayan and Cervantes during those tumultuous times. I also had other help from the good townspeople of Cayan.

I left Cayan for the last time with a heavy heart. This was the place where I lived for fourteen years. I was leaving my house and my coffee farm where I invested a lot of money thinking that it would serve me and my family for many years to come including my old age. I was bitter so much so that I refused to see Cayan again (from 1898-1913 as I'm writing this) even with the invitation of my sister to go and visit them. My sister and her husband, (Lino Cardenas and Canuta Gaerlan) who continued to reside in Cayan invited me three times. One day I might decide to visit the place again but right now, I cannot martial my emotions that needed to be overcome if I ever set foot in Cayan. My endearing memories of Cayan included the pleasures of seeing my children grew up, went to school, gotten their religious teachings; seeing them frolic in the mountains, the rivers, the meadows, under the lively sun and wind. Constancio was the last child born in Cayan. Eight children all together were raised in Cayan.

We remodeled our old house in Cervantes starting April 7, 1899. By August we moved in. We cleaned and cultivated our farm and we moved our animals the cows, the carabaos, and the horses that we had in Cayan to Cervantes. Since I already had a lot of experience in farming and husbandry while in Cayan, I figured that it would not be difficult to start a new life with God's help.

On the 12th of June 1899, one hundred thirteen prisoners, all Spanish priest (Agustinians, Recolectos, and Franciscans) arrived in Cervantes and stayed from November to December 1899. I was assigned together with other Spaniards, Bona and Garvin

Francisco, and Joaquin Verdaquer to feed these prisoners with the promise that we would be paid from the coffers previously owned by the Spanish priest. My payment amounted to one thousand twenty pesos (P1,020).

In the year 1900 a grave animal pestilence struck the town and it arrived first in my corral. I was so unfortunate; it took all my cows and carabaos. I was burdened with burying all these dead animals. The following year the pestilence also struck my horses although they did not die all at the same time but a few at a time.

On November 4, 1899 while I was away in San Fernando, Union to buy provisions for the prisoners, my wife delivered a baby boy and we named him Carlos Borromeo. During his baptism, four Spanish sergeants and corporals climbed the church tower to ring the bells to announce my son's baptism to the whole town. They were so happy to be rewarded with alcoholic drink and little amount of money. The other prisoners who were mostly priest partook in the celebration in my house as well. Mr. Antonio Rebollo of Bañan was my son's Godfather.

During those days the town of Cervantes was crowded with Spanish military prisoners from the lowlands bound for Bontoc. They numbered eight hundred (800) including the priests. The revolutionist ordered these prisoners to be brought to Bontoc. When Aguinaldo reached Angaqui, he ordered the prisoners to join his group on their way en route to Bontoc. The prisoners however had better plans; they were capitalizing on the confusion brought about by the American forces chasing General Aguinaldo. They then maneuvered not to use the Bagnen-Camino route but instead they ended up using the Sabangan-Camino route. Because General Aguinaldo was trying to avoid the American Forces and to get away from them as quickly as he could, the prisoners managed to separate from Aguinaldo's group in Sabangan, en-route back to Cervantes and ultimately to Manila via Ilocos.

With General Aguinaldo upon arriving at Cervantes were; his wife and his sister, General Conception, Coronel Sityar and his wife, General Gregorio del Pilar, Doctor Barcelona, Dr. Villa, a number of commanders, captains, sergeants and soldiers who could not hardly walk because of extreme fatigue. Two sisters of Commander Leyva were known to have gotten lost in Pangasinan during their disorderly escape. The following day upon their arrival in Cervantes, General Gregorio del Pilar together with ten soldiers went back to Angaqui to observe for any presence of the American Forces. Upon learning that they were close to Ling-ey, Gen. del Pilar readied his forces consisting of forty soldiers from Cervantes and his escorts who took turns in manning the trenches below Mount Tirad located above Rancheria Leng-ey. Four hundred American soldiers attack their defense. It is astonishing how Del Pilar braved the mightiness of the American forces with only the forty soldiers that he had considering that they had walked all the way from Bayambang, Pangasinan and therefore were already worn out even before the fight. Gen. Del Pilar took a shot on his forehead and died instantly.

General Aguinaldo was informed of the fight in Mount Tirad in the afternoon of that same day. He then proceeded to Bontoc with his entourage at eight o'clock that night while General Conception proceeded to Rancheria Lubon near Cayan the following day. General Conception forwarded a letter to the first column of American Forces that reached Cayan with the following message: If the Americans promise that they would not be harmed if they will surrender, they are willing to surrender to which the Americans responded that they were not going to be harmed at all. General Conception and his soldiers were well received by the Americans and were treated as their equals. After dinner they were let go as freemen as they had been promised.

On September 8, 1901 a baby boy was born to us and we named him Mariano. Lepanto-Bontoc was at that time governed by a military chief. In 1902, the province was changed into a civil government with Mr. Thomas T. Mair as the first Provincial Governor, Secretary-Treasurer and Mr. Mauricio Goodman, the Engineer Supervisor. Both of them were held with high esteem and were regarded as essential in starting a new government. Eventually a municipal election was carried out with Mr. Sinforoso Bondad coming out as mayor and I was appointed as Municipal Secretary-Treasurer.

On August 25, 1903 another baby boy was born to us and we named him Victor. In May of 1904, Ramona, my eldest daughter left for Manila to continue with her studies. She was accompanied by Mr. and Mrs. Dinwiddie. Mr. Dinwiddie was the Governor of Lepanto-Bontoc who came after Mr. Mair. It was previously proposed by the Military government of Lepanto-Bontoc as orders coming from Manila Center that Ramona should be one of those to be sent to America to study. I objected because I feared that she was not suitable since she was a woman. It did not seem appropriate that she should be away for four years and come back to find out that she would not count as one of the men anyway. I therefore decided to send her to Manila instead. In 1898, Ramona spent a year in Colegio de Niñas de Vigan but had to stop in March of 1898 because of the revolution.

Juan, my second child decided to go to Manila in November of 1900. He figured that since he no longer had to take care of our animals, our carabaos and cows that died from the wave of pestilence that occurred in our town, he would be better off leaving for Manila rather than staying in Cervantes. He left with his cousin, Buenaventure and with Mr. Mills, a kind man. In June of 1903, Juan was called back to serve as a government employee for the province of Lepanto-Bontoc. He then started his job as government interpreter based in Bontoc.

On July 7, 1905, another son was born to us and we named him Isayas Fermin. In June of 1907, Santiago was born but only lasted a month. Mr. Farvis, the school superintendent was his godfather.

The last child was born on June 11, 1908 and with it the passing away of my wife. My heart aches when I remember my wife. I only see this earth we live in as place of abundant tears and misery. What did it say in the Bible? That Adam and Eve sinned and were punished by God and that the human kind was cursed with suffering, sickness, and dejection. I cry for God's help to sustain me in my grief. I cannot find the words to describe my wife, Rosalia. She was my love, the half of my soul, my wife. She was my partner. She went through hardships in bringing up our children, from pregnancy, delivery, child-rearing, for twenty eight whole years.

On June 11, 1908 at around one o'clock in the morning, Rocelino was born. After his delivery my wife became critical. Her suffering lasted until four in the morning when she passed away. Dr. Victorino Crisologo who assisted in the delivery had diagnosed her passing away as a result of hemorrhaging. She died at the age of fourty three. Recelino lived to three months after succumbing to a sickness of epilepsy.

Three of the children were away when their mother died. Juan was in Bontoc but came home in the afternoon of the same day after being informed. Ramona and Carlos were in Manila and it was only through a letter I sent them that they came to know about her passing away. The following day, June 12, my dear wife was interred.

Poems of grief and Danio that followed were not translated to English and therefore were not included in the English translation of the book.

CHAPTER XI

A New Life without Rosalia

Saturday, June 13, 1908 was the first day after the internment of my wife. I contemplated on the situation of the orphans with sadness now that their mother was no longer around to put our life in order. I would like to start with the newborn, Roselino. On normal circumstances, a newborn was temporarily left in the hospital if the mother was not well enough to take care of him. Roselino instead was taken cared of by a couple, Felipa del Rosario and my nephew, Mauricio for the next ten days after his birth. Roselino was named after a Saint whose feast day was June 11, the day he was born. When Felipa and Mauricio left, the other children had to take care of the newborn. Juan left for Bontoc after the burial. Romana arrived without seeing the remains of her mother. Ramona immersed herself to taking care of the newborn and the other younger children as well as taking care of the household chores. Litang or Felicidad from Manila, the niece of my wife was also present. She is the daughter of Cayetano, the brother of my wife, Rosalia. She arrived in Cervantes in April of 1908.

The ages of the orphans in 1908, none of them were married yet:

Romana	24
Juna Gualverto	23
Maria Socorro	21
Margarita Antonia	19
Crispin Jose	17
Maria Remedios	15
Maria Amparo	13
Constancio	10

Carlos Borromeo	8
Mariano Natividad	6
Victor	4
Isayas Fermin	2
Rocelino	

In the days that followed, each one of us at home tried to follow our respective routine. At that time I was working as Secretary-Treasurer of the newly formed civil government of Cervantes. The children went to school and Crispin started working as a telegraph operator at the Estasion de Telegrafos. The hardest part was coming home to an empty house without the only person who used to greet us back with smiles and kindness. She was the principal and the most important person in the household and now she was gone. It was very lonely without her. Nevertheless, life went on and changes took place. Subsequently my children started having a family of their own. The first one to get married was Margarita Antonia. She and Juan Leon Guerrero, a teacher of Bacnotan La Union got married on May 4, 1909. As of this writing they now have two children, Primo, the eldest and a boy and the second one was a girl named after my wife, Rosalia. Romana went back to Manila and practiced teaching as her profession in one of the suburbs of Manila. There she met Gavino Tionloc Santos. They got married at the Quiapo Church on April 7, 1910. Their first child did not survive. Their second child was a girl and was named Segundina.

In October of 1908 a strong typhoon swept Cervantes and other low lying areas. Several rice fields were flooded. The zinc rooftop of our church was swept away by the wind. According to most elderly people here, this was the worst typhoon that they had ever witnessed in their lives. In 1909 also in the month of October another typhoon of the same magnitude also destroyed much of the rice fields in Cervantes for the second time. Needless to say, I also lost my rice fields in those two disasters. In between those years I also lost my animals to the pestilence. In November of 1909,

I lost my job as the municipal secretary-treasurer of Cervantes. At this time, the authorities made Cervantes a Settlement in which case, the township designation was removed together with the offices administering the township. The people lost their rights to vote. This did not last long because in 1912 it reverted back to Township.

In 1911 Crispin married Margarita Bondad. In that same year, he was transferred to multiple places. First there was Vigan then Narvacan, then Manila then finally Samboanga, Mindanao. They had a child but unfortunately did not survive. Previous to this, Crispin had been transferred several times also. In October of 1908, he was in Manila and after a month he was transferred to Corregidor. Again in March of 1909 he was transferred to Naguillan, Union then in September 9, 1909 he was transferred to Bontoc after which he was transferred to Cervantes on October 9. Finally after he got married, his request for transfer had been realized.

In the year 1910 I advised Socorro: "My daughter, you stayed in Manila teaching for two years. You came back to help because your mother passed away. You have helped enough. You should go back to Manila because it seems that the authorities are allowing women to study nursing with stipend. These times are different from the past. Not only men but also women can now show their capabilities. Women should be able to show that they can equally serve the community and the country. Women should show the world that they have the right as men to receive assistance from the government to pursue a career, a career that is suitable for them. You should try to get in". She took my advice and in August 1910 she started her studies and finished nursing in four years at the Manila General Hospital with a government scholarship.

In 1911 Remedios after staying in Manila for treatment in a hospital for a while was brought home by Juan. In 1912 she got married to Norbert Tuazon, a teacher graduate of Manila and who was assigned to teach in Cervantes.

In 1912 Amparo left for Manila also to study in Normal College. She had been hospitalized twice and because of this, I decided to visit my children in Manila. I had the opportunity then to see the changes that Manila had gone through since the last time that I was there. Manila was the place where I stayed for a while to study with the priests and also where my wife lived before joining me in Tagudin after our marriage. I therefore left for Manila to be there around Christmas time and returned home with Amparo on New Year of 1913.

Manila had changed a lot from 1880 when I was there last. I was amazed at the changes. Luneta, Ermita, Malate, Pasay, Paco and the other suburbs of Manila was unrecognizable as far as I was concerned.

Luneta used to be a small plaza where people go for long walks. Luneta was a place where people go for leisure walks, where the military hold their regular exercises, where parades were held during fiestas, and where the military band played during Thursdays and Sundays afternoons. From Luneta one could see the sparse houses of Ermita, houses that were made of nipa. There were few medium size houses then made of wooden sidings and corroded zinc roofs. The same could be said about Paco and San Marcelino. Between Luneta and Paco and Barrio San Marcelino were rice fields. Malate was mostly space without any houses built on it at all. In 1912, these places were crowded with big houses except for Luneta because it was a national park.

The seacoast alongside Luneta used to be shallow waters and during the summertime, people would put up makeshift houses along the water itself. People took baths in these shallow waters and that's why it used to be called "Baños". Now they had converted these areas into ports where the water had now become deep. The soil that they unearth to make the port was dumped into the seaside making a drier area wider and devoid of water

175

(reclaimed area, in Spanish, "tierra ganada en la mar"). The road to Ermita became narrower because of the big houses that were built on its side. However the other side of Luneta became wider because of the reclaimed area. Also on one part of this reclaimed area, two enormous buildings were erected intended for guest with wealth and they called these buildings, "Hotel". Intramuros on the other hand did not change much but outside of Manila was where much of the changes had taken place just like Ermita, Paco and Malate. There were two new bridges that were built of steel, Ayala and Santa Cruz. I remember that Ayala Bridge was started in 1877 while I was still in Manila. For people like me who lived in the provinces, no one could imagine enormous structures such as this; how could one possibly build structures like these bridges? I remember that there were only two bridges in Manila in 1880, the Puerte España and Puerte Colgante. It occurred to me that these were all possible due to the power of money. It was the power of money that was responsible of all the unimaginable changes that I saw; the reclaimed areas, the bridges, big houses, tramvias and the roads with surfaces that looked like floorings of some nice houses.

During my visit in Manila I witnessed a celebration of a national holiday that took place in December 30, 1912. On that day, at nine in the morning the remains or skeletons of Dr. Jose Rizal was transferred to the Rizal Monument in Luneta with accompanying ceremonies. Vice Governor General Giltver presided over the ceremonies. He received the remains and laid it on the spot where it was to rest; he laid down the first stone and the plate to mark the spot. The vice governor was accompanied by many authorities including the important Filipinos that counted in Manila. At eight in the evening a parade was held. I can go on and on to recount the grandness that was displayed during that fiesta, but I'd rather not. It is not my intention to write about so many events but rather about my life.

On October 1, 1913 Juan and Adela Mills got married in Bontoc. They came home to Cervantes and they had another wedding celebration. They stayed for three months before they went back to Bontoc.

On February 15, 1914, Amparo and Anacleto Tolentino got married in Tondo, Manila. Anacleto is from Masingal, Ilocus Sur and he worked as a telegraph operator. He was assigned as such to San Jose, Mindoro.

This is a list of marriages of my children:

Juan Leon Guerrero-----------------------------------1909
Margarita Antonia Gaerlan----------------------------

Gavino Tionloc Santos---------------------------------1910
Romana Gaerlan--

Crispin Gaerlan---------------------------------------1911
Margarita Bondad--------------------------------------

Norberto Tuazon---------------------------------------1912
Maria Remedios Gaerlan--------------------------------

Juan Gualberto Gaerlan--------------------------------1913
Adela Mills---

Anacleto Tolentino------------------------------------1914
Maria Amparo Gaerlan----------------------------------

Jose Misa---1917
Maria Socorro Gaerlan---------------------------------

Constancio Gaerlan------------------------------------1920
Simplicia Macarol (+ Mayo 1924)---------------------

Mariano
Gaerlan--1926
Pia Agaangan--

Victor Gaerlan---1929
Felicida Vargas--

CHAPTER XII

My Other Recollections in Life

In March of 1898 I brought Romana to Vigan so she could start at the Colegio de Niñas which was headed by Professors and nuns, both Spanish and Filipinos. When the revolution started and when the revolutionist or Catipuneros as they were called then were close to getting to Vigan, the nuns and the professors were at odds on what they needed to do with their students who were living in dormitories. Together with the Head Bishop, the Spanish priest and the rest of the Spanish population they decided to escape to Cagayan. Romana was persuaded to go along with them. Fortunately a good lady by the name of Doña Patricia Reyes was around to get her two nieces who were also studying in that school. She encountered Romana who were among the last ones to flee and seemed not to be decided on what to do. Doña Reyes recognized her and said, "child, aren't you that lady from Lepanto? Let me take you with me and then your family can come and take you from my home. Take your things and come ride in my car with me." I was so thankful to that Señora. Señor Toledo, a music teacher of a band at Vigan and whose family I know very well later went to pick up Romana from her house. After a few days Felipe, my brother from Narvacan went to Vigan and brought Romana with him to Narvacan. I then went to get her and brought her back home to Cervantes in November of 1898.

There was an incident that could have warned me against sending Romana to Vigan. On our way to Vigan we passed by Candon. On the night of March 24, 1898, a group of revolutionist

179

attacked the Guardia Civil quarter. They assaulted the Teniente Commandante and they tied Fr. Redondo and two other missionaries who happened to be visiting. These three priests were tortured and killed.

When the English school in Cervantes opened in 1902, Romana entered the school. In 1903 she was trained to teach in that school. In 1904 the governor of Lepanto recommended her for training in America for four years with stipend and a scholarship. I did not let her go but instead I sent her to Manila under the care of her aunt. That happened in May 1904. In 1906 she obtained her diploma and she started teaching at a monthly wage of fifty pesos (P50.00.) She continued to stay in Manila, and gotten married there.

I would like to talk about my son who had been a big help to me since the age twelve. Together with Romana and Severina, he helped me run my school. At that time I was the teacher-director of a school in Cayan. He also was in charge of bringing in the mails. He administered and managed my six ranches by making schedules for the workers. He also managed the cargaderos (people who carry loads on the backs) whenever travelers who came our way requested for them. I needed his help most during the revolution. After I evacuated my family to a safer place, I started having a hard time managing my place. My son was only then fourteen years old and he was the only one I could rely on. He helped me then managed the five other people (custicia) to attend to guest coming in and out as refugees. My first guest-refugee was the Military-Politico Commandante of Bontoc and his family, officials of the Guardia Civil and their families and several other troops. They were to escape to Vigan but had changed their minds when they found out that the revolutionist were in Vigan as well. The opposite traffic of refugees was on their way to Bontoc because that would have been the last place of defense among them. The commandante of Benguet and his family, government employees and their families, European refugees from Benguet and their families, and a host of

180

other Filipinos and their families were among them not to mention the guardia civil forces that accompanied them. On their trails following them were the four hundred revolutionists who also were on their way to Bontoc to fight. After the capitulation in Bontoc, the same wave of refugees trekked back to my place. This was such a big burden for me, for my son and the five custicia or helpers to come to the aid for all these people coming and going. I was distressed and I took my family to Cervantes. I refused to go back to Cayan and my son was left behind to take care of our house there. Every three days he would hike to Carvantes to visit, crossing the river each time. Young as he was, he felt homesick for us and when it was time for him to go back to Cayan he would be in tears. I really felt so sorry for him but there was nothing I could do. I was depleted of energy to go back to Cayan with him even if it meant abandoning my ranches and farm. A month went by and I decided we're never going back and that's when Juan stopped going to Cayan too.

In Cervantes, there were one hundred thirteen priest-prisoners and we had to attend to half of this number. The other half were attended to by Señor Verdaquer. They stayed from June 12 1899 until end of November of the same year. Again Juan helped in attending to these prisoners by way of feeding them. There were others, Señor Dana and Señor Garvin who also had helped. I was paid a total of P1020.00 for this service. I never held that much money all at one time in my life. I was a little bit scarred. The money did not last long in my hand. What they say about money is true; no matter how much the amount is, it is relative. Money goes away so quickly.

In the month of June 1900, the pestilence that killed all my animals took place. None of them survived. All my cows, carabaos and horses died. I couldn't describe the hardship that went into burying each one of the dead animals, about a hundred of them. After this incident Juan decided to go to Manila since there were no animals left for him to take care of. He planned on staying there to finish his studies. He was also planning to have his brother Crispin and cousin Buenaventura join him so all of them could have rented a house instead of him paying board and lodging so they all could have save money. However in May of 1903, he took the civil service exam and he passed. At about the same time, the central administration in Manila chose him to be appointed as Secretary-Treasurer of the province of Lepanto-Bontoc. There were very few who had taken and passed the civil service exam and there was only one, in the person of Constantino Gavila who was currently employed who could speak English. In these circumstances, Juan was forced to accept the appointment even it meant foregoing his dream of finishing his studies in Manila. His first job therefore in the province of Bontoc was as an interpreter in June of 1903.

I could say with pride that Juan in the period of ten years had been selfless with his concern for me and my family especially when his mother was still alive. He was my right hand. He responded in kind for all his mother's selfless love, energy, caring. He helped financially in having his two sisters study in Manila. This is a testimony to what he did for me and for my family and I'm writing it down. I pray to God that He guides him, give him an excellent health and a good future so he can find peace and happiness in his life. In my humble situation I cannot materially reciprocate for everything he did for me and I'm getting old, I'm going into my sixty's. As I am writing this, I cannot help the flow of my tears. Dear Lord, heed my prayers and tears, bless my son Juan; not only Juan but all my children so they can all find peace and happiness in this life.

Sabas Gaerlan's reflections entitled, "The Rich, The Dignified and the Poor", "Mother", "Father", and "Life and it's Pitfalls" were not translated in English. These reflections applied to his time but it's worthwhile to read these in their original Ilocano text from a historical perspective.

Diac mabáin á pulus á mananta itoy; iti maysa nga innapay itoy cararuae; maysa nga Seudácim oenno riena nga diac quet ma gaoidan; á isu ti panagarubus daguitoy luluac nagrugui itay iruguic daydiay Suita nga. Sígniquita quen sicanmo ni apo Dios etc. etc., ngarud ita nga madama nga itultuloyco daguitoy á biernatoy.

Sapay enna ngarud apoc á Dios ta daytoy palaongco nga nabuggoan oenno napaengan iti panagar-arubus daguitoy luluac adda enna buteagna nga nasayaat quen anaco nga nagipaay iti tolongna.

Ngem apoc á Dios Saan á isisu ti idac dasatco á maymaysa no di pay met iida enna amin amin nga annaco, taf, no ipaaygmo enna cadacuada ti benta nga gracia, nga ammom á masapulda.

Isaronoc met ditoy ti maysa cada guiti sao ti Adagio:

"Dagniti miracmot pagurayani,
Cadagniti aramid á ipaaygmo cada Amani."

Sabas.

183

Acknowledgement

The publication of this book wouldn't have been possible without the help of my families and friends. Leonora Llanes took time to type the hundred or so pages after I edited the Ilocano manuscript. The KULians (Katholieke Universiteit te Leuven Alumni in the Philippines) yahoo group was very helpful with their suggestions regarding this project. Many times I have asked their help with deciphering the Ilocano text and English translation. Alvin Gaerlan was very instrumental in subtly reminding me to finish the book for publication. My daughter, Deanna Malkin helped in putting the CD audio together. She also played the music that was included in the original text for the audio CD. I also requested Tony Abellera, a good friend in helping out with the audio taping of the Ilocano text. My brother-in-law, Francisco Fernandez was totally behind me and very enthusiastic about publishing the book and so was my brother, Fr. Joseph Guerrero, MJ. My thank you goes to those others who one way or the other pitched in towards the completion of my project.

About the author

My first college degree was in chemical engineering. I later pursued post graduate studies in chemical engineering at the Catholic University of Louvain, Belgium and economics at St. Louis University, Philippines. I taught chemistry, math and statistics in colleges. I worked as a chemical engineer in a cereal plant and in a sugar manufacturing plant. I was also an environmental engineer at one point. I put my career on hold when my daughter was born until she was thirteen. I joined the labor force again but after finishing a bachelor's degree in nursing.

I have established residence in Tinley Park, Illinois with my daughter and my cat.

CPSIA information can be obtained at www.ICGtesting.com
Printed in the USA
LVOW121745011112

305445LV00007B/9/P